밥이 줄었다

국제PEN한국본부 창립70주년기념 산문선집 22

International PEN-Korea Center **pen**

김영분 수필집

교음사

국제PEN헌장

국제PEN은 국제PEN대회 결의에 따라 다음과 같이 헌장을 선포한다.

1. 문학은 각 민족과 국가 단위로 이루어지나, 그 자체는 국경을 초월하여 그 어떤 상황 변화 속에서도 국가 간의 상호 교류를 유지해야 한다.
2. 예술 작품은 인간의 보편성에 바탕을 두고 길이 전승되는 재산이므로 국가적 또는 정치적 권력으로부터 간섭을 받아서는 안 된다.
3. 국제PEN은 인류 공영을 위해 최대한의 영향력을 발휘해야 하며 종족, 계급 그리고 민족 간의 갈등을 타파하는 동시에 전 세계 인류가 평화롭게 살아갈 수 있다는 이상을 실현하기 위하여 최선을 다해야 한다.
4. 국제PEN은 한 국가 안에서나 또는 세계 여러 나라에서 사상의 교류가 상호 방해 받지 않는다는 원칙을 준수하며, PEN 회원들은 각자 국가나 지역사회에서 어떤 형태로든 표현의 자유를 억압하는 데 반대할 것을 선언한다. 또한, PEN은 출판 및 언론의 자유를 주창하며 평화시의 부당한 검열을 거부한다. 아울러 PEN은 정치와 경제의 올바른 질서를 지향하기 위해 정부, 행정기관, 제도권에 대한 자유로운 비판이 필수적이고 긴요하다는 사실을 확신한다. 이와 함께 PEN 회원들은 출판 및 언론 자유의 오용을 배격하며, 특정 정치 세력이나 개인의 부당한 목적을 위해 사실을 왜곡하는 언론 자유의 해악을 경계한다.

이러한 목적에 동의하는 모든 자격 있는 작가들, 편집자들, 번역가들은 그들의 국적, 언어, 종족, 피부 색깔 또는 종교에 관계없이 어느 누구라도 PEN 회원이 될 수 있다.

국제PEN한국본부 연혁

국제PEN본부는 1921년에 창립되어 2022년 3월 현재 145개국 154개 센터가 회원으로 가입돼 있는 세계적인 문학단체이다. 국제PEN본부는 영국 런던에 본부를 두고 있으며 특히 UN 인권위원회와 유네스코 자문기구로 현재 전 세계 문인, 번역가, 편집인, 언론인들의 표현의 자유를 옹호하고 인권 문제를 다루고 있는 단체이다.

한국PEN은 1954년 9월 15일 변영로·주요섭·모윤숙·이헌구·김광섭·이무영·백철 선생 등이 발기하여 같은 해 10월 23일 당시 서울 소공동 소재 서울대학교 치과대학 강당에서 창립총회를 열고 국제펜클럽한국본부로 공식 출범하였다. 국제펜클럽한국본부는 그 이듬해인 1955년 6월 비엔나에서 열린 제27차 세계대회에서 정식회원국으로 가입하고 그해 7월에 인준을 받아 오늘에 이르렀으며 2022년 3월 현재 회원 수는 4,000여 명이다.

사)국제PEN한국본부(International PEN Korea Center)는 역사와 권위를 자랑하는 국제적 문학단체로서 회원들의 양심과 소신에 따른 저항권과 표현의 자유를 옹호하고 구속 작가들의 인권문제를 다루며 한국의 우수 문학작품을 번역, 세계 각국에 널리 알리고 우리 민족의 고유문화와 전통문화 등을 해외에 소개하는 한편 세계 각국과 문화 교류 및 친선을 도모하는 데 주도적 역할을 담당하고 있다.

1954. 10. 23.	국제펜클럽한국본부 창립
1955.	제27차 국제PEN비엔나대회에서 회원국 가입
	『The Korean PEN』 영문판 및 불어판 창간
1958.	국내 최초 번역문학상 제정
1964.	PEN 아시아 작가기금 지급(1970년 제6차까지)
1970.	제37차 국제PEN서울대회 개최(60개국 참가)
1975.	『PEN뉴스』 창간, 이후 『PEN문학』으로 제호 변경
1978.	한국PEN문학상 제정
1988.	제52차 국제PEN서울대회 개최
1994.	제1회 국제문학심포지엄 개최
1996.	영문계간지 『KOREAN LITERATURE TODAY』 창간
2001.	전국 각 시도 및 미주 등에 지역위원회 설치
2012. 9.	제78차 국제PEN경주대회 개최
2015. 9.	제1회 세계한글작가대회 개최
2016. 9.	제2회 세계한글작가대회 개최
2017. 9.	제3회 세계한글작가대회 개최
2018. 11. 6~9.	제4회 세계한글작가대회 개최
2018. 8. 22.	정관개정에 의해 국제PEN한국본부로 개명
2019. 2.	PEN번역원 창립
2019. 11. 12~15.	제5회 세계한글작가대회 개최
2020. 10. 20~22.	제6회 세계한글작가대회 개최
2021. 11. 2~4.	제7회 세계한글작가대회 개최
2022. 11. 1~4.	제8회 세계한글작가대회 개최

국제PEN한국본부 창립 70주년 기념 선집을 발간하며

국제PEN한국본부는 1954년에 창립되고 이듬해인 1955년 6월 오스트리아의 빈에서 열린 제27차 국제PEN세계대회에서 회원국으로 가입되었다. 초대 이사장은 변영로 선생이 맡고 창립을 주선했던 모윤숙 시인이 부이사장을 맡았다. 이하윤, 김광섭, 피천득, 이한구 등과 함께 창립의 중심 역할을 했던 주요섭이 사무국장을 맡았다.

6·25한국전쟁이 휴전된 지 겨우 1년이 되는 시점에 이루어 낸 국제PEN한국본부의 창립은 매우 깊은 의미를 담는 거사였다. 그동안 국제PEN한국본부는 세 차례의 국제PEN대회와 8회의 세계한글작가대회를 개최하며 수많은 국내외 행사를 주최해 왔다. 이에 내년 2024년에는 창립 70주년을 맞이하게 되어 그 기념사업의 일환으로 PEN 회원들의 작품 선집을 발간하기로 하였다.

여러 가지 기념사업을 진행하지만 회원들의 주옥같은 작품집을 선집으로 집대성하여 남기는 일은 가장 중요하고 의미 있는 일이라 생각한다.

    시와 산문으로 구성되는 선집은 우리 한국문학사의 중요한 족적을 남기는 귀중한 역사 자료로서의 가치를 갖게 되리라고 믿으며 겸허한 마음으로 70주년을 자축하는 주요 사업으로 진행하게 된다.
    참여해 주신 회원들께 감사하며 어려운 여건 속에서도 기꺼이 출판을 맡아 준 기획출판 오름 김태웅 대표와 도서출판 교음사 강병욱 대표에게 심심한 감사를 드린다.

2023년 3월
국제PEN한국본부 이사장 김용재

책을 내며

또 하나의 수필집을 내면서

언제나 그렇듯이 나만의 질곡의 세월을 견디어 온 기억들을 모두 털어내고 싶었다. 한때는 즐거웠고, 가슴 아팠던 삶들이, 불빛 조명처럼 비치기도 하고, 때론 두서없이 뒤죽박죽 슬픈 마음으로, 내 뇌리에 아프게 다가오기도 한다.

글로서 나의 마음을 적어 내려가다 보면, 가슴에 맺혔던 응어리가 눈 녹듯 풀어지고, 마음속이 후련하다. 삶의 평온과 여백이 생긴다. 처음에 나의 삶을 적어서 자식들에게 남기고 싶다는 욕심에 '자서전'을 썼다. '자서전'을 써서 문구점에서 책으로 묶어 아이들에게 나눠 주었다. 어느 날 이 책을 바탕으로 '자전 수필'을 쓰기 시작하였다.

내 삶을 남에게 보이는 게 부끄러워서 1집은 친지와 가족에게만 보여 주고 꽁꽁 감춰놓았다. 주변 사람들의 응원에 힘입어 2집을 내놓게 되었다. 많은 관심은 받았지만, 늘 부족하다고 생각했다. 내 마음이 더 뻔뻔해져서 3집에 도전하게 되었다. 3집을 쓰고 나서 '다시 회수'하고픈 마음도 들었지만 그래도 써놓은 작품이기에 출판하기로 마음먹었다.

내 수필이 뚜렷한 장르와 철학이 있어야 할 텐데, 이것 또한 신변 잡글이 되었다는 생각에 부끄러움이 앞선다. 옥서(玉書)만 쓰시는 분들에게 누가 되지 않았는지 마음이 편치 않다. 이 지구상 모든 사람의 삶에, 생각과 느낌 다르니, 나의 삶은 오직 나 하나뿐이라는 생각으로 면피(免避)하고 싶어, 변명하며 걸어간다.

수필이란 은근한 매력을 가지고 있다. 생각이나 감정, 일, 따위의 내용을 글로 나타낼 수 있다. 글을 씀으로 굴곡진 나 자신을 들여다볼 수 있게 되었다. 삶을 차분한 마음으로 복잡한 생각들을 정리할 수 있는 마음도 생기게 되었다. 그러다 보니 상대를 이해하려는 마음 또한 저절로 생겼다. 예전 같으면 화를 낼 일도 못 본 척 넘긴다. 평생 가슴에 남을 추억 보따리도 몰래 끌어내 풀어보고, 또 하나를 채워 넣는 즐거움이 있다. 글을 쓰지 않으면 불안하고, 마음의 허전함을 느끼니 수필은 나의 연인인가 보다.

세상에 같은 길은 없다. 나만의 길만 있을 뿐이다. 오르막길이 있으면 내리막길이 있다. 탄탄대로가 있으면 막다른 골목길도 있다. 나는 눈이 쌓인 뒤에 아직도 아무도 지나가지 않은 길, 누구도 걸어보지 않은 생소한 길을 질곡의 세월에, 돌고 돌아 여기까지 왔다.

남은 세월 살아가는 동안 오직 이 길로만 뚜벅뚜벅 걸어갈 것이다. 다음에 책을 낸다면, 더 공부하여 신변 잡글보다 장르가 뚜렷이 포함돼 있는 수필을 써 보리라 다짐해 본다. 부끄럽고, 미흡한 글을 서평해 주신 오경자 교수님, 책으로 엮어주신 교음사 강병욱 대표님, 류진 편집장님께 감사드립니다.

2025년 1월 저자 김영분

차 례

1. 장마 속 할머니

걷고 싶은 길 … 20
신년 운수 … 23
상류 책상이 되었어 … 26
내년을 모두 가지세요 … 29
마음 아픈 어느 날 … 32
남편 없는 날 집을 팔았다 … 35
감 … 38
나를 놀라게 한 손주 … 41
장마 속 할머니 … 45
타이완을 찾아서 … 48
엄마의 장과 장독대 … 52
경로당 입문 … 56
청자 도자기 … 58
청자 … 62

2. 뗄 수 없는 공생

딸만 셋이요 … 64

열무김치 담그기 … 67

나에게 온 할미꽃 … 70

양봉(養蜂)에 고통받은 삶 … 73

악귀를 쫓는 팥죽 … 77

동짓날 … 80

이 봄을 맞이하며 … 81

나쁜 DNA 바뀐다 … 84

성소(聖召) 따라가는 길 … 89

내 손에 돈은, 힘이다 … 93

뗄 수 없는 공생 … 96

새로 나온 옥수수 … 100

루시의 화초장 … 102

엄마의 보물 1호 재봉틀 … 105

엄마의 재봉틀 … 107

3. 땀의 결실

겨울의 추억과 그리움 … 110
주워 온 꽃나무 … 114
전원생활 … 117
삶을 바꿔 놓은 양재 숲속 문화원 … 121
yk를 보내고 오는 날 … 124
모두 떠나리 … 127
땀의 결실 … 129
온 세상이 보석된 눈 폭풍 … 132
보석 잔치 … 135
추억의 짜장면 … 136
다시 찾은 보길도 … 139
애처로운 은행 줍기 … 143
예산 수덕사 대웅전 … 146
남편의 인생 2막을 닫는 날 … 150
끄트머리 손주와 같다 … 153
밥이 줄었다 … 156

4. 엄마라는 이름

아름다운 창경궁 … 158
코로나 시대의 무시루떡 … 162
엄마라는 이름 … 165
엄마 되고 보니 … 169
큰오빠의 병환 … 170
보석 같은 청산도 … 173
나의 뿌리를 찾아서 … 176
양재천을 산책하며 … 179
손주 키우기 … 182
이스라엘의 사해(死海)와 요르단강 … 184
우리집 기증왕 … 188
다시 봄이 왔다 … 191
호주산 고기를 먹는 망년회 … 194
24절기는 언제나 지나간다 … 197
폭풍 뒤에 찬란한 빛이 … 200
나의 길 … 203

김영분의 수필세계 / 오경자(문학평론가) … 204

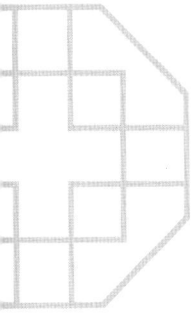
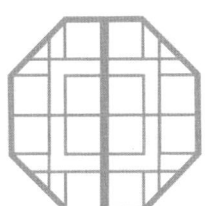
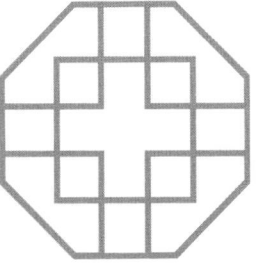

1

장마 속 할머니

걷고 싶은 길

"길이란 원래 없었다. 여러 사람이 걸으면 좁은 길도, 큰 길이 된다."

'길'이란 글자는 순수한 우리말로 신라 시대부터 여러 가지의 의미를 담고 있다. 사람이 밟고 가는 길과 인생의 길로 나눌 수 있다. 내가 좋아서 걷는 길은 물리적인 꽃길, 오솔길, 밭길, 에움길, 논둑길, 등산길, 비탈길 오르막길, 내리막길, 언덕길, 솔밭길, 둘레길 등이 있으며, 내가 싫어했던 길은 자갈길, 산 비탈길, 가시밭길, 흙탕길 등이다.

길은 내가 좋아서 걷는 길도 있지만, 좋지 않아도 가야 할 길이 존재한다.

내가 살아가면서 남게 피해를 주지 않는 규범적인 길과 나라 사랑의 길, 스승의 길, 배움의 길 등의 도덕적인 길이 있다. 대상에 따라 철길, 바람길, 눈길, 눈보라길, 빗길, 뱃길, 하늘길, 터

널길 등이 있다. 길은 목적지에 가기 위해 만들어지고 존재한다.

중국에서도 길을 의미하는 글자가 많은데 주례(周禮)*에 따르면, 우마가 다닐 수 있는 오솔길을 경(經), 큰 수레가 통하는 소로를 진(畛), 승거(乘車), 사람이 탈 수 있는 수레가 갈 수 있는 길은 도(途), 승거 2대가 나란히 다닐 수 있는 길을 도(道), 승거 3대가 갈 수 있는 넓은 길을 로(路)로 구별하여 사용했다. 물길에 해당하는 하천도 하폭이 넓은 곳에서부터 차례로 하(河), 강(江), 천(川), 수(水)로 구분했다.

인간은 누구나 살아가는 동인 수많은 길을 걸어가게 된다. 그 길은 '나'만이 선택할 수 있는 길이다. 길을 걷다 멈춰서서 '내'가 가는 길을 잘 가고 있나 걸어온 길을 되돌아보아야 한다. 좌, 우를 살펴보지 않고 앞만 보고 걷다가는 낭패의 길을 걸어갈 수가 있다.

서양에서도 역시 길을 의미하는 글자가 많다. way는 일반적인 뜻의 '길', '방법', '방식', '수단'을 뜻한다.

사람마다 희망과 꿈은 다르겠지만, 물리적인 길과 규범적인 길이 바탕이 된 뒤에 내가 걸어가는 인생길을 찾아가야 한다. 나의 행복의 목표를 향해 걷는 것만이 후회 없는 인생 여정의 길을 걸어가는 것이다. 나의 꿈을 실현하기 위한 희망적인 이 길을 잘 걷는 자만이 인생을 잘 살았다고 할 수 있다.

세상에는 똑같은 길이 없다. 각자의 목적지가 다르듯 나만의 길만이 있을 뿐이다. 내가 걷는 길이 하루하루가 처음이고 또 끝이라 볼 수 있다. 나의 인생도 처음 맞는 길을 걸어가는 삶이다.

평생 길 위를 걷는다. 지금 이 시각에도 내가 바른길을 가고 있는지 길 위에 서서 헤매고 있는지, 점검하며 잘못된 길로 가고 있으면, 다른 한 길로 묵묵히 걸어가야 한다. 내가 수필을 쓰며 걷는 길은 나의 마지막 이정표를 향해 걷는 삶의 길이다. 나의 목적지를 위하여 my way로 가는 것이다. 이 길을 사랑하면서 묵묵히 뚜벅뚜벅 걸어가리라.

*주례(周禮): 중국의 경서(經書), 『의례』, 『예기』와 함께 삼례(三禮)라 하며, 십삼경의 하나이다.

신년 운수

한 해가 시작되었다. 나는 지나간 해를 돌아본다. 별로 좋은 일이 없는 듯하다.

올 한 해 나는 어떻게 살아질까? 궁금하였다.

유튜브에 무료로 띠별 운수가 나오는 것에 한 번씩 들어가 본다. 컴퓨터에서 떠다니는 공짜 토정비결을 뽑아 보았다.

연 토정비결에 '1월~4월까지 건강에 유의하라' 했다. 그렇지 않아도 4월 신장내과에 예약한 일이 있어 몸에 이상이 생겨서 여러 곳에 안 좋다는 얘기는 들었지만, 좀 불안해지기 시작했다.

허황된 욕심은 화를 부르지만, 순리를 따르면 길운을 맞이하는 운세입니다. 과거에 실수가 발목을 잡고 어려움을 부추길 것이나 고민하며 시간을 버리면, 더욱 후회가 될 것입니다. 버려야 얻는 것이 있으니 과거에 좋지 않은 인연이 있다면 과감히 버리시기 바랍니다.

지난 일을 연연하면 길성*과 귀인도 돌아가게 마련입니다. 새로움은 기회가 될 것이니 왔을 때 놓치지 말아야 합니다. 어려움을 두려워 말고 새로움에 대한 기대를 가지시기 바랍니다.
올해는 처음보다 끝이 좋은 운세이니 순리대로 풀어 가면 궁극에는 웃음이 있을 것입니다. 비록 어려움이 있어도 해결책을 가진 귀인이 뜻하지 않게 들 것이니 자신감을 잃지 마시기 바랍니다.
봄에 씨를 뿌리면서 수확을 준비해야 하는 것이니 힘들게 노력하면 가을 석 달의 결실이 크게 됨을 잊어서는 안 됩니다.
새롭게 만나는 인연이 있다면 천을성*을 가진 자이니 크게 도움을 받을 수 있습니다. 작은 인연도 결코 소홀히 하지 마세요.

나는 해마다 상투적인 이 말을 읽어보려고, 인터넷을 뒤지며, 공짜 토정비결을 보는 행위에 스스로 웃음이 난다.
나의 삶은 나 스스로 살아가는 것, 해마다 행복은 누가 주는 것이 아니라, 나의 창작품이고 내가 주인이다.
혼자 일어나고, 좋아하는 사람들과 웃으며 이야기하고, 함께 식사하고, 산책하는 등 이런 사소한 일이 행복이다. 지난 과거에 연연하지 않고 현재에 주어진 상황에서 내가 좋아하거나 하고 싶은 일을 하면서 사는 것이, 명예와 부를 가진 삶보다 값지고 축복된 삶이다.
박완서는 '감사하지 못하는 사람에게는 기쁨은 없고, 기쁨이 없으면 결코 행복할 수 없다.' 말했고, 감사하는 사람은 이미 행복이라는 정상에 올라간 것이다.

무엇인가 남에게 피해 주는 일을 해서는 안 되고, 나보다 남을 배려하며, 열심히 살아가는 게 올바른 삶이라는 것을 잊지 말자. 또 하루하루 즐겁게 살아가자. 노동은 나에게 현재 처한 상황에서 할 수 있는 일을 찾아야 할 것이다.

늘 새로운 태양이 떠오르듯 언제나 새롭고 희망찬 하루가 되도록 건강하게 살도록 노력하자.

이런 삶이 신년을 맞이하는 나의 삶이다.

*길성(吉星): 길하고 상서로운 별
*천을성: 천(天)은 하늘이요, 을성(城)은 성곽을 의미로, 하늘처럼 높고 드높은 성을 의미한다. 또는 '뛰어난 미덕과 탁월한 능력의 사람'을 말하기도 한다.

상류 책상이 되었어

서울 집 서재에는 커다란 책상 2세트와 컴퓨터, 프린터기, 라디오, 책장이 놓여 있다. 어느 날부터인지 내가 서재를 모두 독차지하고 있다. 남편 방에는 아이들이 처음 중학교에 들어갔을 때 사준 작은 원목 책상 위에 라디오와 약간의 책이 전부다.

시골집의 서재는 남편이 독차지하고, 모두 사용하고 있다. 나는 내 방에 작은 책상 위에 헌 컴퓨터와 프린터기가 올라가 있어 책을 펴고 있기도 옹색하다.

서울 집 서재는 내가 차지하고, 시골집 서재는 남편이 차지하고 있으니, 우리 부부는 공평하다. 시골에 내려갈 때 몇 권의 책은 들고 가지만, 시골 생활이 너무 바빠 풀만 뽑다 오는 경우가 많다. 그래서 그런지 시골 서재에 대해 나는 불만이 없다.

남편의 서울 집 작은 원목 책상은 큰 딸아이가 중학교 입학할 때 사준 것이다. 큰딸 나이 49살이 되었으니 한 35년 이상은 된 것 같다. 그동안 동생으로, 동생으로 물려주어 책상이 곰보도 되었고, 또 잉크도 엎질러 얼룩덜룩하였다. 이곳 아파트로 이사하는 날 '새집에 어울리지 않게 그 책상은 뭐냐'고 딸들에게 핀잔은 받았지만, 추억이 많아 끌고 와서 남편 방에 넣어주었다. 그 위에 꽃 보를 씌웠더니 얼룩도 티가 나지 않고, 예쁜 꽃 책상이 되었다.

어느 날 외출하다 돌아오는데 분리수거대 옆에 멋진 책상이 놓여 있었다. 가까이 가서 보니 튼튼하고 깨끗하고 서랍이 2개나 달린 크지도 않은 연회색 책상이었다. 한 번 들어 보았더니 꼼짝도 하지 않았다. 남편 방의 책상보다 더 커서 책을 이리저리 쌓아 놓지 않아도 될 것 같았다. 또 서랍이 2개나 있어 볼펜, 연필 등의 문구류가 책상 위를 굴러다니지 않아 깔끔하게 정리될 것 같아 좋아 보였다. 마침 남편이 시골에서 올라왔기에, 넌지시 물었다.

"당신 책상보다 조금 크고 서랍이 달린 좋은 책상이 나왔는데 바꿔 놓으면 어떨까."

"그럼 한 번 보고 오자."

남편을 꼬셔서 데리고 내려가 보니 누가 비 안 맞는 통로에 가져다 놓았다.

"다른 사람이 가져가려고 갖다 놓은 것 같아, 다른 사람도 좋은 것은 다 알아."

다시 집으로 올라왔다. 아침에 비가 계속 와서 밖을 내려다보니, 어제의 책상이 비를 맞고 분리수거장 옆에 있었다. '책상이

두 개였었나.' 나는 남편에게, "여보, 어제 보던 책상이 다시 밖으로 나와 있어. 가지러 가자."라고 했다.

나는 남편을 데리고 내려가서 책상을 가져왔다. 남이 쓰던 것은 절대 싫어하던 사람이 내 의견을 들어준 것에 감사하면서, '작은 책상이 무척이나 불편했었구나.' 하는 마음이 들었다.

"여보, 아무리 애틋한 추억이 담겼다 해도 이제 아이들 책상을 보내주자."

분리수거장 앞에 우리 책상을 내놓고 외출했다. 외출했다가 집에 돌아와 보니 아이들 책상이 없어졌다. 분명 분리수거장 옆에 내다 놓았었다. 마음이 한참 서운했지만, 더 깨끗하고 좋은 것으로 대신 '바꿔 놓았다.' 생각하며 서운함을 날려 보냈다.

며칠 후 외출하다 보니, 우리 아이들의 땀과 손때가 묻은 책상이 없어졌다. 마음이 서운해야 하는데 필요한 사람이 가져간 것이 기뻤다. 우리 아이들의 훈기가 다른 사람에게 간 것에 감사함이 들었다.

어느 날 남편은 "내 책상이 상류 책상이야." 한다. 그 소리를 듣고 웃었지만, 마음 한구석으로 '진작 책상을 사줄 걸 그랬나.' 하는 생각이 들었다.

남편은 서울에 올라오면 상류 책상 앞에서 음악감상을 하며, 책을 읽으며 행복해하고 있다. 오늘같이 계속 그런 마음으로, 건강하게 살기를 바라는 마음이다.

2023. 5. 16.

내년을 모두 가지세요

은행을 갔더니 은행원 아가씨가 달력을 주며 "내년을 모두 가지세요." 한다. 위트 있는 아가씨 말이 귀여워 웃었다. 달력을 받는 손님 모두에게 하는 말이라 생각하지만 그래도 즐거운 말이다.

한 장 남은 달력을 위로 올리고 새 달력을 밑에 걸었다. 언제 이렇게 세월이 갔을까? 달력을 무심히 들여다본다. 언제 이렇게 24절기를 보냈을까? 내 나이도 한 살 더 먹었었겠지. 사람들은 오늘이 가장 젊은 날이라고 위로하는 말만 한 것 같다. 한 해 한 해 무 자르듯 지난 것은 아닌데 시계는 1초 사이에 하루를 넘기고 1초 사이에 해를 넘긴다. 내 나이도 1초 사이에 넘어가는데, 대통령이 한 해를 끌어내려서 미국식 나이를 쓰라고 한다. 끌어내린다 해도 나이는 물 흐르듯 흘러간다. 모든 존재 속에 영원한 것은 없다.

오! 헨리의 마지막 잎새처럼 마지막 달력을 그냥 매달아 시간의 흐름을 멈춰보고 싶다. 한 해 한 해 넘기는 것이 아쉬움으로 점점 더 커진다. 아무것도 하지 말고 있으면 세월이 멈출라나? 이런 생각 저런 생각으로 멍때리고 앉아있다.

일상적인 삶의 여건은 거의 비슷비슷한 되풀이다. 그러나 되풀이 속에 자기만의 심화가 있어야 평범한 삶에 생기가 돈다.

이 해를 넘기면서 나에게 가장 의미 있는 일들을 생각해 본다. 저마다 자신의 그림자를 거느리듯이 삶에 무게와 빛깔을 지니고 묵묵히 걸어간다.

내 계획에도 없던 것들은 무엇이었나? 생각하니 기후였다. 너무 더워서 일상의 생활이 어려웠다. 서재에 꼭 박혀 에어컨을 켜 놓고 책만 보았다. 에어컨 바람도 선풍기도 훈훈한 바람으로 변해 갔다. 냉방병이라는 것도 걸려 보았다.

계획한 일은 일주일에 2권씩 책보기, 한주에 한 편씩 시 쓰기였다. 시는 어떤 일이 있어도 '등단'을 목표로 열심히 썼다. 사물의 관찰한 내용을 시로 응고시키면서 언어의 핵심을 잡아내려 생각하며 지냈다. 수필 쓰기도 했다. 부채질, 선풍기, 에어컨, 바람을 부르는 기구는 모두 사용하면서 서재에서 지낸 시간이 많았다.

가끔은 시골에 내려가 풀 뽑기도 했다. 그중에 실천을 멈춘 것은 시골에서 풀매기였다. 밖에 나가서 일하기란 불가능했기 때문이다. 피서를 시골로 갔다 다시 서울로 피서왔다. 가전제품은 모두 사용했지만, 서울에서의 피서가 가장 길었다. 하루하루 열심히 살아왔다.

　열심히 시를 쓰느라 애쓴 보람이 있어 『심상(心象)』 가을호에 '등단'을 하였다. 성경 말씀처럼 두드리니 선물을 주셨다.

　국제PEN한국본부에 가입 신청하며, 동시에 수필집을 내라는 교음사 대표님께 연락받는 쾌거를 들으니 나의 한 해는 뜻깊은 한 해이다. 세월이 흘러 달력의 마지막 장을 떼어내는 것은 아쉽지만 기쁘게 보내려 한다. 오늘은 어제의 연속이 되어서는 안 된다. 오늘도 내일도 내년도 새날이 되어야 한다. 욕망은 그 빛깔이 곱고 삼미로우며 나를 즐겁게 한다.

　새해 나의 목표는 컴퓨터 자판을 부지런히 두들겨, 시집 첫 책을 내어보려고 계획을 세우고 있다. 또 수필 쓰기에도 전념하련다.

　'이듬해 찬란한 신록으로 더욱 빛나는 나무를 키울 수 있다'는 생각으로 새해를 맞이하려 한다.

마음 아픈 어느 날

"지금 요양원에 갇혀 있습니다. 아내는 와병 중, 두 딸은 그냥 있으래요. 심신 엉망, 구속 감금 24시간, 인권위에 구원 요청 바람."

이런 문자를 보고 깜짝 놀라, 나는 위경련까지 일어났다.

여러 통로로 사건을 알아보기 시작했다.

결론은 가족들이 의논하여 '부양할 자식이 없다' 했다. 큰딸은 맞벌이로 시간을 낼 수 없고, 작은딸은 대학 강좌를 어렵게 맡아 이제야 밥벌이를 시작했다고 했다. 아버지를 24시간 붙어서 간병할 수 없다 했다. 슬픔과 절망, 고통스러운 무거운 침묵이 전화기 속에서 흘러갔다.

몇 달 전 문병 갔을 때는 휠체어를 타고 움직였고, 혼자서 움직임이 좀 어려운 모습이었다.

퇴직한 후 걷기 운동을 안 하고, 앉아서 컴퓨터만 치며 여러 책을 발간하며 다리 운동을 못하여 못 걷게 되었다.

몸은 못 쓰나 정신은 아주 건강하니, 요양원에 갇힌 새가 되었으니 견디기 힘들어했다.

안타까운 마음 체념해 버리니, 갑자기 싸늘한 바람이 불어 나뭇잎들이 사방으로 휘날렸다. 아무리 생각해도 내가 도와 드릴 방법이 없어, 마음이 아프다.

나도 이런 경우가 오지 않는다는 법도 없고, 바로 나일 것이라 생각하니 울고 싶어진다. 나는 몸을 못 움직여 이런 경우가 되지 않기 위해 앙새전을 걸었다. 바람이 세치게 불어 모자와 장갑, 외투를 껴입고 걸었다.

별안간 무리해서 걸었는지, 무릎이 아파 파스를 덕지덕지 붙이고 말았다. 그래도 걷기 운동은 꾸준히 해야겠다.

어떻게 하면 요양원에 가지 않고 고통 없이 죽을 수 있을까? 내 생애의 숙제가 다시 시작되었다.

"사람이 피할 수 없는 게 죽음과 세금이다."

유튜브에서 떠들어 댄다.

법정 스님은 "삶은 소유물이 아니라 순간순간에 있음이다. 영원한 것은 어디 있는가. 모두가 한때일 뿐 그러나 그 한때를, 최선을 다해 최대한으로 살아야 한다."

석가모니는 "인생은 바람과 같은 존재이니 가볍게 살라고, 구름 같은 인생이니 가볍게 비우라고, 물 같은 삶이니 물 흐르듯 살라고, 파도처럼 부대끼니 상처받지 말고 살라고, 꽃은 한 번

피어났다 지는 삶이니 웃으며 살라고, 나무같이 중심 잡고 흔들리지 말고 살라고, 흙은 한 줌 흙으로 돌아가니 너무 움켜쥐지 말고 살라고."

여러 선인(仙人)과 부처 말씀을 되새겨 보지만, 나의 아픔과 죽음의 두려움은 줄어들지 않고 있다.

순간순간 삶이 중요하다. 생명은 나 스스로 지켜야 한다. 언제 어디서 인생을 하직하더라도 후회 없는 삶이 되도록 나 스스로 칠흙 같은 두려움을 털고 용감하게 살아야겠다. 그 무엇보다 생명이 최우선이며 최고의 가치이기 때문이다.

2023. 12. 4.

남편 없는 날 집을 팔았다

뒷집 아줌마가 우리집에 놀러 왔다.
"아기 엄마 집 안 팔아요?"
"돈 많이 주면 팔지요."
"얼마 받을 건데요?"
"한 4백5십만 원요."
그냥 내뱉은 말에 계약금 4십4만 원을 들고 왔다. 그러면서 10만 원은 빼주는 거란다.
나는 계약서 쓰는 것도 모르고 그냥 집 매매 계약금으로 4십4만 원을 받았다는 확인서를 써 주고, 끝전은 서로 집을 장만하는 데로 날짜를 정하자고 했다.
이 집을 산 지, 4년 만에 250만 원에 산 집이 4백4십만 원이면 잘 받은 거라고 생각했다.
장맛비가 며칠을 쏟아붓고 있었다. 집을 팔아 버린 후에 비가 쏟아지기 시작했다. 3일을 계속 쏟아지고 있었다. TV 뉴스에서 벌통이 둥둥 떠내려가고 있었다.

집을 팔고 생각하니 잠이 안 왔다. 아이 둘과 할머니, 시동생을 데리고 어디로 가지? 생각하니 걱정이 되었다. 시할머니와 시동생은 방학이라 시골집에 내려가서 아이들과 나밖에 없었다.

남편은 방학 때면 벌통이 늘어나 꽃 따라 자리를 옮기며 꿀을 따러 강원도 사천이라는 데 가 있었다. 그곳은 버스가 왕복 2번밖에 다니지 않는다고 남편한테 들은 기억이 났다. 나는 일찍 아이들을 뒷집 아줌마한테 맡기고 남편을 만나러 강원도 사천을 찾아가기로 했다.

시외버스 터미널에 가니 사천 가는 버스가 있었다. 10시에 출발하여 3시에 되돌아오는 버스였다. 버스에 몸을 싣고 차창 밖을 내다보며 우리 벌통과 남편을 찾았다. 길은 외길로 비포장도로인데 군용차가 오면 한쪽으로 피해 섰다 가곤 하였다. 아무리 내다보며 눈으로 훑고 지나가도 남편과 우리 벌통을 찾을 수 없었다. 종점까지 왔으나 허탕이었다. 그 버스는 오후 3시에 되돌아 서울로 간단다. 나는 하루 종일 굶고 그 차가 떠나려 할 때 다시 서울로 가기 위해서 버스를 탔다.

덜컹거리며 버스가 가다가 길에서 멈추었다. 앞에 대한통운 화물차가 있어서 가질 못하고 서 있는데, 대한통운 화물차 뒤에 낯익은 배낭이 있었다. 조금 있으니 두 남자가 계곡에서 풀포기를 잡고 기어오르고 있었다. 한 명은 화물차 기사고, 한 명은 남편이었다. 남편을 잽싸게 화물차 위에 있던 배낭을 잡고 버스에 올라탔다. 얼마나 반가웠는지…. 남편은 깜짝 놀라 자기 눈을 비벼댔다. "당신 맞지? 웬일이야?" "집을 팔았어." "얼마 받았는데?" "4백4십만 원." "그렇게 많이?" 하며, 입이 쩍 벌어진다.

이 사건은 50년 전 이야기다.

그때를 빌미로 우리는 누가 먼저 할 것 없이 100만 원만 남으면 서슴없이 집을 팔고, 사고를 했다. 그러다 보니, 돈이 불어 집이 2채가 되었다. 아이들 데리고 다니는 생각은 뒷전이고, 일단 '사고 본다'와 '팔고 본다'로 반복하게 되었다.

이러다 보니 세금만 내게 되고 실속이 없었다. 너절한 집 여러 채보다 좋은 집 하나가 더 실속 있고 머리 아프지 않다. 그러다 보니 팔면 안 될 것을 팔고, 팔 것은 안 파는 경우가 생긴다. 이렇게 겁 없이 '저질러 놓고 보자'가 결국은 망조로 가는 길이기도 했다.

이런 시간을 수십 년을 지나 생각해 보니, 열심히 '세금 내다 남는 게 없다'라는 것을 알았다. 지금은 부동산값이 천정부지로 올라 엄두도 못 내지만, 모든 게 정리된 채 조용히 살고 있으니 마음도 편하고, 부동산에 관심도 없다.

나의 파란만장하던 부동산과의 관계는, 남편이 벌 따라 세월 따라다닌 게 시초이다. 양봉으로 돈은 못 벌었어도, 남편이 따다 준 꿀을 먹은 기억이 있다.

감

저녁노을이 붉게 물든 마당가 감나무에는 보석 같은 주홍빛 감이 익어가고 있다. 시골집 굴뚝에서 밥 짓는 하얀 연기까지 뿜어 오르면, 내 마음도 숙연하여 눈시울이 젖는다.

나는 이런 시골집을 사랑한다. 부모님과의 옛 추억이 꿈속에 떠올라 그리움만으로도 행복하다.

떫은 감을 소금물에 담갔다 단감을 만들어 주셨고, 항아리에 볏짚을 깔아 떫은 감을 올려놓고 또 그 위에 볏짚을 덮어 연시를 만들어 주셨다. 감을 빨리 먹고 싶어 항아리 뚜껑을 열어 보곤 했다.

그뿐만 아니라 껍질을 깎아 곶감을 만드시고, 그 껍질을 빨랫줄에 얼기설기 걸쳐 놓으면, 얼면서 말라 최고의 간식이 되었다. 배고픈 시절 주머니에 넣고 다니면서 먹노라면 친구들이 줄줄 따라다니며 손을 벌려 달라고 했다.

부모님은 곶감을 말려서 조상의 제사상에 올려놓기도 했다. 예로부터 3대 과일로 감은 절대로 빠지지 않았다. 감은 씨로 심으면 고염이 된다. 접을 붙여야 감이 되므로 후손들이 교육을 통해서만 훌륭한 후손이 된다는 의미로 감이 빠져서는 안 된다는 설도 있다.

오늘날은 과학적으로 떫은 감을 간단하게 연시를 만든다. 감 상자에 드문드문 사과를 같이 놓아두면 삼 일 안에 연시가 된다.

남편은 이른 봄에 감나무 묘목을 사 왔다.

"이 감나무가 맛있는 둥시(넓은 감)라서 사 왔어."

남편도 시골 사람이라 감에 대한 향수가 있다. 전원주택 마당에 2그루의 단감나무가 있었지만, 2그루의 둥시 감나무를 사다 심었다.

1960년 가을에 한국을 방문한 노벨문학상을 받은 소설 『대지』의 작가 펄벅(Pearl S. Buck 1892~1973) 여사는 당시 경주를 여행하는 차 안에서 바깥을 내다보다가 시골집 마당의 감나무 끝에 매달려 있는 여러 개의 감을 보고, "감을 따기가 힘들어서 그냥 두는 거냐?"고 물었다.

동행한 이 기자가 "까치밥이다. 겨울에 새들이 굶주리지 않도록 남겨둔 것"이라고 설명하자, 펄 벅 여사는 "아, 바로 그거예요. 내가 한국에서 보고자 한 것은 고적이나 왕릉뿐만이 아니에요. 이런 모습만으로도 나는 한국에 잘 왔다고 생각해요."라며 탄성을 질렀다.

이 계기로 한국인들의 착하고 아름다운 마음을 알고, 유난히 사랑했다. 그녀는 자신의 작품 『살아있는 갈대』에서 이렇게 예찬했다.

"한국은 고상한 국민이 살고 있는 보석 같은 나라다."

그녀의 유서에도 "가장 사랑하는 나라는 미국이며, 다음으로 사랑하는 나라는 한국이다."라고 쓰기도 했다.

이렇듯 우리 한국인의 정신세계는 남과 더불어 사는 D.N.A.의 피가 흐르는 것이라 생각한다.

아무리 흉년이 들어 가난하고 배고픈 시절도 서로 나눠 먹는다. 동물까지도 사랑하는 마음으로 대하니 까치밥도 남겨 놓았다. 그 후손들의 인성이야말로 세계에서 으뜸 국민이 될 만하다.

감은 먼 옛날부터 우리 조상들과 함께 있었고, 가난한 백성들에게도 구황 과일로 우리와 함께하였다.

감이 익어갈 무렵에 까치는 아침 일찍 일어나 감을 쪼아 먹느라 모든 식구를 깨운다.

"아침에 까치가 노래하면 반가운 손님이 오신다"는데, 귀한 손님이 오시려나?

2023. 9. 10.

나를 놀라게 한 손주

나에게 8명의 손주가 있다.

그중에서 내 마음을 가장 아프게 한 손주다. 딸이 임신 7개월 만에 조산이 되었다. 태어나자마자 하늘에 신고(첫울음)도 못하고 있었다. 인큐베이터에 넣었다.

870g의 몸무게를 하고 태어났다. 딸은 하염없이 울었다.

엄마인 나는 딸의 인생이 먼저 걱정되었다. 어느 날, 딸에게 아기가 살지 죽을지 모르니 '포기'하라고 했다.

"어머니가 살인자가 되실 거예요? 저는 그렇게 못합니다."

그 이야기를 옆에서 듣던 착하디착한 사위가 화를 내며, 벌떡 일어서면서 소리를 지르는 것이다.

나는 저능아가 된 아이를 부모가 평생 고생하며 키우는 것을 주변에서 봤기 때문이다. 사람 구실을 못 하면 부모뿐 아니라 사회에 짐이 될 것 같기도 했다.

딸과 사위는 아기를 키우기 위해서 종합병원 소아 치료실에 입원시켜 매일 매일 지키고 있었다. 인큐베이터에서 7일 키우는 것이, 엄마 배 속에서 1일 키우는 것과 성장 속도라고 같단다.

딸이 운전을 못 해 매일 병원에 딸을 데리고 다녔다. 아기를 보고 나올 때는 매일 울면서 나오니, 엄마인 나의 마음도 참 괴로웠다. 내가 할 수 있는 일은 운전을 해 주는 일과 매일매일 성장하기를 기도하는 일뿐이었다. 2개월쯤 되니, B급 병동으로 옮겼다고 했다. 치료가 힘든 아기는 C급, 중간은 B급, 좀 안전하면 A급이다. 하루하루 피 말리는 생활을 하면서 하루도 마음을 못 놓고 조마조마한 마음은 항상 같았다. 자가 숨을 쉴 수 있을 때까지 마음을 못 놓는다고 한다.

아기도 딱하지만, 나는 딸도 걱정이다. 아기 낳자마자 미역국도 못 먹고 병원을 뛰어다니니, 엄마인 나는 '아기 살린다고 내 딸이 먼저 쓰러질지' 노심초사였다.

2개월이 넘으니 A급 병동으로 옮겨졌다. 조금 마음은 놓였으나 아기의 성장 발달 중 '눈이 가장 늦다'면서 잘못하면 장님이 될지 모른다고 걱정하고 있었다. 3개월이 다 되었을 즈음 몸무게 1.8kg이 되었을 때, 퇴원했다. 부족한 것은 '외래로 다니라'고 해서 퇴원했다. 우리 손주 같은 아이들이 교실만 한 병동 3개나 되었다. 옛날보다 점점 많아지는 이유는 여자들이 늦게 결혼하고, 날씬하여 아기 키울 자궁의 환경이 좋지 않고, 하체를 너무 보호하지 않는 이유가 크단다.

이웃에 살던 딸이 이사 갔다. 가끔 손주의 크는 모습을 먼저 살핀다. 그렇게 칠삭둥이로 부모가 눈물 바람으로 키웠는데 너무 착하게 잘 자라고 있었다. 손주를 쳐다보면서 깜짝 놀란다. '저 능아가 될까 포기'하란 말이 후회스러웠고 아이 보기가 미안하고 죄스런 생각이 든다. 건강하게 잘만 커 주었으면 하던 바람을 뛰어넘어 공부도 곧 잘한다. 손주 방에 들어가 책상 위에 동시를 적어 놓은 것을 보고 너무 놀랐다.

띠끈띠끈 빵

따끈따끈 빵/ 나는 빵이 좋아요
딱딱한 빵도 좋아요/ 갓 구운 빵 한 입
베어 물으면, 사라라/ 부드럽고
구름처럼 퐁신퐁신/ 따끈따끈 빵

소나기

쐬아아아/ 비 내리는데/ 우산 없네
호다닥/ 집으로/ 뛰어가는/ 발걸음
가방으로/ 머리를/ 감싸고
소나기가/ 남겨두고 간/ 무지개

손주의 시를 보고 나는 깜짝 놀라서 몰래 사진을 찍었다. 초등 2학년이 이런 감성의 동시를 썼다는 게 너무 놀랐다. 손주 볼 때마다 '포기하라'고 한 말이 생각난다. 어느 날 손주한테 '내가 한 말에 대한 사과'를 해야겠다. 또는 '사과해서 상처받지 않을까' 걱정되어서 섣불리 말을 못 꺼내겠다. 그냥 시기를 기다리며 눈치를 볼 뿐이다.

  이렇게 잘 자라준 손주에게 고맙고 딸과 사위에게도 사과와 박수를 보내고 싶다. 또한 신에게도 감사드린다.

장마 속 할머니

20여 일이나 장대비가 쏟아진다.

충청 지방에 물난리가 났다는 TV 뉴스를 보고, 시골 밤 골에 가 보려고 집을 나섰다.

버스에서 내려 동막골 밤 골을 걸어 올라갔다. 비가 그쳤다 다시 쏟아지며 바람 따라 춤을 추며 이리저리 날리고 있다.

언덕을 오르다 보면 작은 저수지가 나온다. 며칠 동안 쏟아진 비로 저수지 둑 옆의 수로를 넘쳐 흙탕물이 너울너울 사품치며 흐르고 있다. 그 위로 시냇물도 소용돌이치며 저수지로 흘러 들었다.

이 저수지는 농사철에 물을 빼서 논에 물을 대기 위한 저수지다. 봄 모내기 철엔 바닥을 내놓고 있을 때가 많다. 저수지 위에는 작은 밭뙈기가 있다. 비옷을 입은 할머니 한 분이 왼손에 들깨 모종을 움켜쥐고, 오른손으론 호미로 구덩이를 파면서 깨 모종을 하고 있었다.

"할머니, 비 오는 데 무얼 하세요?"

"들깨를 심어요. 비 오는 날 깨 모종을 심으면 모두 잘 살아요."

허리는 ㄱ자로 꾸부러진 할머니는 고개를 약간 돌려 대답하며 계속 모종을 심고 계셨다.

할머니는 우리 밭과 경계를 이룬 밤 산을 가진 아들의 어머니다. 내가 시골에 내려갈 때 종종 뵐 수 있는 할머니다. 아들을 위해 일을 너무 해서 허리가 많이 굽었다. 어느 날 밤을 주울 철이 되어 마당에 나가 보면, 여명이 밝기도 전에 그 할머니는 밤을 줍고 계셨다.

나는 그 할머니가 굽은 허리를 이끌고 일하는 모습을 보면 측은지심이 든다.

삶은 누구를 위한 것인가. 쓸쓸하고 아픈 마음에 세월이 훑고 지나간 수면 위로 드러난 내 모습은 아닐까. 부모는 사족만 있다면 몸이 상하도록 자식만 위해 살아야 하나. 그 할머니는 그래도 자식이 소중해서 죽는 날까지 도와주는 게 사랑이라 생각하는 것일까?

짧은 순간, 이런저런 생각들이 나를 우울하게 했다.

나는 생각했다. 내 허리도 머지않아 저 할머니처럼 될 것이라고…. 이기적인 생각일지 모르지만, 내 몸을 혹사하면서 누굴 위해 살지 않겠다고. 시골에 내려가면 눈에 보이는 게 모두 일이다. 10여 년을 남편 쫓아다니며 허리 구부려 일을 하다 보니, 내 허리도 굽은 것 같았고, 허리도 아팠다.

  나는 남편에게 '시골 생활을 하지 않겠다고, 당신이 좋아서 시작한 일이니 당신이나 하라.'고 한다. 그 할머니의 모습이 많은 것을 생각하게 해서 가능한 시골에 자주 가지 않기로 마음먹으며, 실천하고 있다.

  하지만 오늘도 나지막한 진창길을 걸어 산기슭 꼬막집 한 채가 비바람에 대롱거리는 시골집에 도착했다. 날씨가 잔뜩 흐려 나무숲 어둠침침한 곳에 도착했다.

  목가적인 풍광이 그리워 잡은 터 그 괴괴한 분위기가 나를 더욱 주눅 들게 한다.

2024. 7. 30.

타이완을 찾아서

　타이완은 인구 2300만 중 언어가 47종, 400년의 역사를 가지고 있다. 땅은 우리의 1/3 정도이며 1911년 신해혁명으로 건립된 아시아 최초의 민주공화국, 타이베이를 수도로 중국어를 표준어로 하며 그 외의 언어가 다양하다. 1624년~1662년은 네덜란드의 통치 기간이었다.

　15~16세기 콜럼버스의 신대륙 발견을 계기로 유럽 국가들은 신항로 개척을 위해 중국 대륙으로 향하던 중 포르투갈인들은 타이완을 발견해 아름다운 섬이라 불렀다. 그 후 스페인과 네덜란드도 중국과의 통상을 계획했으나 해금 정책(명나라, 청나라 왕조가 해양 무역, 어업 등 제한)에 왜구에 대한 방어책으로 실패했다.

　1624년 네덜란드가 먼저 타이완을 상륙한 후 남부지역을 지배했고, 1626년에는 스페인이 북부지역을 지배했다.

　1662년 반청 정복을 꾀한 정성공에 의해 38년간의 외세 통치는 막을 내렸다.

정씨 왕조 통치기(1662~1683), 정성공은 명나라 말 청나라 초기(17세기) 타이완과 중국, 당시 아시아 역사에 있어 매우 중요한 인물이다. 타이완과 중국에서는 민족 영웅, 거대 성왕 등으로 불리며 네덜란드로부터 타이완을 수복하고, 타이완에 중국의 전통을 남긴 역사적인 인물이다. 정성공의 아버지는 일본 나가사키에서 중국인 아버지 장지룡과 일본인 어머니 다가와마스 사이에서 태어났다. 그가 7살 되던 해 아버지의 근거지인 중국 푸젠성으로 건너와 정식으로 유학을 배우기 시작했다.

명나라가 멸망 후 청나라에 투항하지 않고 반청복명 운동을 했다. 정성공은 바다와 육지를 넘나들며 중국 전통권을 회복하기 위해 노력했으나, 청의 대응책으로 군사 활동의 어려움에 처하자 네덜란드가 점령하고 있던 타이완으로 눈을 돌렸다. 정성공은 타이완 정벌을 위해 9개월의 전투 끝에 네덜란드를 쫓아내고 타이완을 정복했다. 그 후 명나라 제도를 본받아 타이완을 재정비하며 타이완에 한족의 뿌리를 내렸다. 정복 후 정성공은 사망했고, 그의 아들 정경과 손자인 정극상이 뒤를 이어 반청 운동을 전개했지만, 부하였던 사랑이 이끄는 청군에 패했다. 이에 명나라 왕조시대가 끝났다.

1894년~1895년 조선의 영유권을 놓고 청일전쟁이 발발했다. 1895년 중국이 패하면서 요동반도, 타이완을 주겠다는 시노모세키 조약이 체결되었다. 일본군들의 입성을 환영한다는 뜻을 전하게 되었고, 6월 7일 일본은 타이베이에 무혈 입성하였다. 일본 통치가 시작될 때 온건 통치를 받았다. 우리나라는 무장한 육군이 먼저 들어왔지만, 타이완은 해군이 무장 없이 들어갔다.

　1945년 일본의 항복으로 반세기에 걸친 타이완 지배가 종료되면서 1911년 쑨원에 의해 건축된 중화민국 정부는 삼민주의와 민족 정신교육 및 표준 중국어 교육을 중심으로 중국화를 추진했다. 해방과 더불어 타이완은 일본 통치 때보다 더 강제권을 발동하여 갈등이 심해져 1947년 2.28사건이 도화선이 되어 대규모 항쟁이 일어났다. 그 진압으로 28,000여 명이 사망했다. 이 사건은 외성인과 본성인의 뿌리 깊은 갈등이 원인이었다. 국공 내전에서 실패한 국민당 총통 장개석이 1949년 12월 타이완으로 천도하면서 중화민국 시대가 열렸다.

　장개석이 이때 들고 온 국가 문화유산은 69만 점이었다. 지금은 더 많은 구입으로 70만 점이 넘는다. 국가의 문화유산을 배에 싣고 오는데, 적의 신하가 '폭파할까요' 하니, '다시 찾아올 건데' 했다는 말이 가장 명언이다. 아무리 국가 운영을 엉망으로 한다 해도, 자국의 문화유산을 길이 보존하는 지도자는 후세 국민들에게 커다란 선물을 주는 것이다.

　내가 찾은 박물관은 '고궁' 박물관이었다. 그 크기의 박물관이 4개가 있으며 분기별로 문화재를 돌리며 전시한다고 했다. 그곳 박람회에서 가장 으뜸인 것은 '옥배추.' 옥배추는 흰색 옥으로 줄기를 만들었고 비취옥으로 잎을 만들었다. 배추 줄기에 귀뚜라

미와 여치가 앉아 있었다.(다산 상징) '동파육'은 삼겹살 덩어리를 훈제하여 기름이 뚝뚝 떨어지는 모양의 밤색 옥으로 만들었으면 삼겹살의 기름층과 고기 층이 신비스럽기까지 했다. '상아 투구'는 황제가 모자를 벗어 거는 것이다. 상아 뼈를 공 모양처럼 만들어 원을 19겹으로 만들었는데 100년이란 세월이 걸린 것이다.

이 세 가지 말고 내가 더 감탄한 것은 서태후가 사용한 옥으로 만든 입체형 병풍이었다. 너무 화려하고 섬세한 조각은 잊을 수 없는 감동의 작품이었다.

내가 갔던 고궁박물관에서 프랑스 루브르 박물관의 문화재와 함께 전시하는 전시물이 있어, 화려한 보물이 많았다.

외세에 침입을 많이 받은 타이완은 일본의 침략은 자기들에게 많은 도움을 받았다고 일본에는 우호적이다. 정성공의 어머니가 일본인이라 그런지 몰라도, 거리에는 일본 자동차가 달리고 있고 많은 일본풍의 문화가 엿보였다. 우리나라는 박정희 대통령 때 우호적이었는데, 김영삼 대통령 때 중국과 협정으로 타이완과 멀어졌다. 우리나라에 '서운한 감정이 있다'고 가이드가 말했다. 타이완은 처음 방문했지만 국민 소득이 우리와 비슷했고, 거리도 깨끗한 편이다.

엄마의 장과 장독대

간장, 된장, 고추장은 나와 함께 삶을 같이 해왔다.

김장하기가 끝나면, 엄마는 쉴 새도 없이 동짓달에 메주를 쑤기 위해 가마솥에 콩을 넣고 삶는다. 부엌에서 장작불을 지피며 콩물이 넘칠까 봐, 불 조절을 하며 긴 시간을 보낸다. 삶은 콩은 푹 뜸을 들인 다음 절구에 넣고 콩을 찧는다. 그 콩은 절구에 붙어 떨어지지 않고 찐득찐득 달라붙는다. 콩알이 없어질 때까지 땀을 펄펄 흘리며 콩을 주걱으로 훑어 내면서 메주콩 찧는 일을 한다.

나는 구수한 콩을 조금씩 떼어먹으며, 엄마 옆에서 잔심부름을 했다.

찧기가 끝난 콩은 네모 모양을 만들어 방 한쪽에 짚을 깔고 그 위에 올려놓는다. 며칠 후에 메주 덩어리가 꾸덕꾸덕 굳을 때 지푸라기로 엮은 다음 시렁에 매단다.

어느 날 오빠들 방에 매단 메주 덩어리들이 마루로 튕겨 나왔다. 엄마는 깜짝 놀라 "메주가 다 뜨지도 않았는데 이걸 왜 내놓았니?" "냄새가 너무 나서요." 이때부터 메주 덩어리들의 수난이 시작되었다.

엄마는 메주 덩어리를 이 방 저 방 사정하며 놓다가 나중에는 안방에서 마지막으로 띄우게 되었다.

메주가 푸르게 잘 떴을 때 양지바른 곳에서 말렸다.

초봄이 돌아오면 엄마는 메주를 깨끗이 닦아낸 후 물기를 말려 놓고, 커다란 그릇에 소금물을 만든다. 한쪽에는 장독을 깨끗이 씻어 짚불로 소독을 한 후 깨끗이 씻어 말려 놓은 메주를 차곡차곡 쌓아 놓는다. 소금물을 체에 밭쳐 준 후, 불순물을 건져 낸 소금물을 퍼 넣는다.

장독대 위에 커다란 장독 속의 장의 발효를 위해서, 그 위에 마른 붉은 고추와 빨갛게 불을 지펴 놓은 참숯을 여러 개 올려놓았다. 지금도 빨간 숯불이 소금물에 소리 내며 꺼져가는 소리가 들리는 듯했다.

60여 일이 지나면, 소금물에 담가 놓은 메주를 항아리에 차곡차곡 담아 장독에 넣는 장 가르기를 한다. 메주만 담은 장은 된장이 되고, 남은 소금물은 간장이 된다. 장독대에 올려놓고 바람과 햇볕을 쏘이며 긴 시간을 발효시킨다. 메주를 건져낸 후 가마솥에 넣고 끓이면 간장이 된다.

엄마는 간장을 끓일 때 일부분은 엿을 고았던 솥에 끓여 내어 양념간장으로 다른 항아리에 담아 나물을 무칠 때 쓰곤 했다.

아파트에 살면서 장독대가 없어진 지 수십 년 되었다. 나는 퇴직 후에 시골 전원주택을 지었다. 주택을 짓자마자 맨 처음에 장독대를 만들었다. 아파트에서 살면서 장독이 필요 없는 친구들의 장독을 모아 장독대를 만들었다. 올망졸망한 장 항아리가 서로 자기 자랑을 하듯 위로 옆으로 삐져나온 모습이 정겹다.

옛날에 엄마가 장 담는 모습을 기억해가며, 또 인터넷에서 장 담그는 설명을 읽으며 용기를 내어 장을 담가 보았다.

"엄마, 된장이 떨어졌어요."

"알았어, 퍼다 줄게."

그 옛날 엄마의 그 맛은 아니지만, 우리 자녀들에게 건강한 장을 만들어 준다는 것이 즐거웠다.

어릴 때 학교에서 돌아오면 엄마는 일하러 나갔고, 나는 밥솥에 놓인 내 밥그릇을 꺼내 우물물을 퍼서 밥을 말아 장독대에 걸터앉았다. 고추장 항아리 뚜껑을 열고 다른 장독에 들어있는 멸치를 한 움큼 꺼내 고추장에 찍어 먹던 꿀맛 같은 그 밥이 추억과 함께 그리워진다.

그 주변에는 알록달록한 채송화꽃이 심어 있었다. 나의 장독대에는 빙 둘러 시멘트로 테두리가 되어 있어 채송화를 못 심었다. 이 봄에는 커다란 화분 여러 개를 사서 네 귀퉁이에 놓고 채송화꽃을 심어야겠다.

우리 장의 유래는 고구려 고분인 안악삼호분(安岳三號墳)의 벽화에 보면 우물가 옆에 장독대가 있었고, 삼국사기를 보면 683년(신문왕 3년)에 왕비를 맞을 때의 폐백 품목으로 된장과 간장이 기록되어있는 것으로 알려져 있어 당시 장류가 사용되었음을 알 수 있다.

'고려사' 식화지(食貨志)에는 1018년(현존 9년) 거란이 침입하여 추위와 굶주림에 떨고 있는 백성들에게 쌀 및 소금과 장, 된장을 내렸다는 기록이 있다. 굶주린 백성을 위해 장류를 내렸다는 것은 고려시대에는 장류가 필수 식품으로 정착된 증거이다.

조선시대에 와서 조리서에서는 대부분 장의 제조법을 적고 있다.

우리나라의 재래 간장과 된장, 고추장은 영양과 맛이 풍부한 선조들의 과학적인 사고와 지혜의 산물이다. 국가 무형 문화재 제137호로 지정된 전통장 담그기가 유네스코 문화유산에 등재되어 한류 전통 먹거리 문화의 자긍심이 되고 있다.

세계의 한류 바람을 일으키는 건강한 우리의 먹거리에 자긍심도 갖고, 우리의 장문화가 후손에게도 길이 보존되도록 해야겠다. 또 우리의 장을 먹어서 나의 건강도 지키도록 하겠다.

『현대수필』 2023년. 봄호

경로당 입문

경로당에 입문하였다. 내가 스스로 간 것이 아니고 남편이 회비를 납부하고 입문시켜 주었다.
"내가 그곳에 간다고 했어."
"노인회장이 한 명이 부족하여 '구청에서 오는 보조금이 줄어든다' 해서 입문시켰지."
경로당에서 '신입 대원 인사 시간이 있다.'라는 카톡이 왔다. 나는 남편에게 '쓸데없는 짓을 해서 사람을 괴롭힌다.' 중얼거리며 갔다.
2013년 처음 이 아파트에 입주하여 9년을 살았어도 경로당에 간 일이 없어 처음 보는 분들이었다. 할아버지 방과 할머니 방을 들여다보면서 고개 숙이며 인사를 했다. 방마다 화투판을 놓고 화투를 치는 사람들이 귀퉁이마다 앉아 있는 모습이 보였다. 엉거주춤 서 있다가 '약속이 있다'는 핑계를 대고 나왔다.
'앞으로 필요한 경비는 내겠지만 가지 않겠다.'고 남편에게 말했다. 처음 보는 생활 환경이 너무 생소하여 적응되지 않았다.

  누구나 세월이 흐르면서 우리의 형태도 변하지만, 내 마음의 인생이 서산을 향해 걷고 있다는 것을 부정하고 싶어진다.

  늙어가면서 무엇보다도 중요한 것은 스스로 자신이 허용된 삶의 여건을 겸허하게 받아들여야 하는데, 나의 욕망은 '청춘의 열망'을 놓고 싶지도, 인정하고 싶지도 않다. 그런 환경에서 도망치고 싶었다.

  싱싱한 푸른 잎도 날이 가면 낙엽이 되고, 예쁜 꽃도 언젠가는 시들면 떨어지고, 이 세상 영원한 것은 없다. 산 세월만큼 휘날리는 흰머리를 쓸어 올리며 주어진 삶을 마지막까지 살겠지만, 세월은 사람을 기다려 주지 않는다. 시간은 무한한 것 같지만, 한정되어 있고, 인생은 생각처럼 그렇게 길지도 않다. 끝없이 되풀이되는 생명의 순환 앞에 나 자신을 되돌아본다.

  오늘 살다가 내일 떠날지 모르기 때문에 덧없이 흘러가는 세월을 아끼고, 누리고 싶어진다. 걸어온 길 모르듯 갈 길도 모르지만, 붙잡고 싶은 인생에 있어서 건강만은 꼭 잡고 가고 싶다. 또 한 가지 삶의 목적이 있다면, 세월이 흐르더라도 내 열정을 다 바쳐 좋은 글을 써 보도록 공부는 계속하고 싶다.

  더 늙기 전에 나의 글밭에 작은 발자국을 글로 남기고 싶다.

  삶은 영원한 현재가 아니니 더 나를 사랑하고 아끼며, 오늘을 뜻깊고 즐겁게, 바쁘게 살고 싶다. 어제의 오늘이 다시 오지 않음으로 오늘을 후회 없이 살기로 다짐해 본다.

2022. 5. 10.

청자 도자기

어머니의 향기가 솔솔 풍기는 청자!

어머니의 문갑 위에는 여러 가지 모양의 도자기가 놓여 있었다. TV에 나오는 '진품 명품'이 아니라 인테리어로 실내를 꾸몄던 도자기다.

어머니가 돌아가시기 몇 주 전, 어머니를 뵈러 갔을 때, 나에게 안겨 주었던 청자 도자기 두 점, 나는 그 도자기를 깨지지 않도록 조심조심 안고 집으로 돌아왔다.

하나는 많은 학과 소나무가 있는 문양이고, 또 하나는 학과 꽃이 새겨져 있는 문양이다.

청자는 '중국인들이 어떤 흙으로 옥을 만들 수 있을까?' 생각하다 토기에 즉, 질그릇에 앉은 재가 푸른색을 내는 것을 보고, 청자 만들기를 시작했다. 이런 청자가 3세기부터 만들어졌다고 한다. 중국에서 실용화되고 보급되는 건, 9세기경에 선승들이 차를 많이 마시면서부터이다. 이 청자 잔은 선불교가 유행하던 고려에도 수입되었는데 고려인들은 이런 청자 도자기를 스스로 만들려고 노력했다. 송나라가 혼란스러울 때 중국의 도공들이 고려에 귀화하여 들어와 10세기 후반에 개경 근처에서 처음 청자를 만들기 시작했다.

우리나라도 세계에서 두 번째로 청자를 만들었다.

고려청자는 세계에서 가장 아름답고 실용적인 그릇이라고 할 수 있다.

노자기란 말은 사실 '도기'와 '자기'로 구분한다. 도기는 칠흙이라고 부르는 붉은색의 진흙의 도토(陶土)를 가지고 만든다. 이 흙을 500~1,100도로 만드는데, 이것보다 더 우수한 게 자기인데 이 그릇은 자토(瓷土)로 만든다. 자토는 1,200도 이하에서 익지 않고, 1,300도에서도 견딜 수 있어 높은 열에서 흙을 구우면 흙이 더 단단해진다.

청자의 겉면을 얇게 판 다음 학이나 매화, 소나무, 난, 연꽃, 대나무, 구름 등을 모습에 맞게 백토와 자토를 파인 곳에 넣는다. 1,200~1,300도로 구워내면 백토는 흰색으로, 자토는 검은색으로 나온다. 우리 청자에 나오는 많은 도자기는 이 기법으로 만들었다. 청자를 만들 수 있는 기법은 우리나라와 중국뿐이었으나, 중국의 청자는 청색의 그릇일 뿐이었다.

우리나라의 청자 만드는 기법은 상감기법으로 처음 응용했는데, 그런 의미에서 독창적이라 할 수 있었다.

고려청자의 비색이 신비로울 정도로 뛰어났기 때문에 가장 좋은 비색이 나오는 것은 고려인들의 숙련된 도공만 알 수 있었다. 청자에 가장 예쁜 비색이 나오려면 유약에 3%의 철분이 포함되어야 하고, 더 많이 들어가면 어두운 녹색이 나온다.

 우리의 도자기는 중국, 일본, 유럽까지 많이 수출되어 도자기 강국이 되었다.

 일본의 도자기 역사는 임진왜란 때만 해도 막사발도 제대로 만들지 못했다.

 정유재란(1597년) 당시 철군할 때 팔십여 명이 넘는 도공들이 포로로 잡혀갔다.

 고대 역사의 모든 분야에서, 가야를 비롯하여 한반도로부터 전래된 문화들이 화려한 꽃을 피운 것도, 일본으로 잡혀간 우리나라 사람들이었다. 도공들이 일본으로 건너간 후 일본의 도자기 문화가 17세기에 왕성해졌다.

 유럽에서는 18세기 초에 독일의 작센 지방에서 자기 만드는 데 처음 성공하게 되었다.

 어머니가 도자기를 유물로 주셔서, 도자기 공부를 하다 보니, '어머니가 남겨준 청자가 이렇게 귀중한 것이었나?' 하는 생각이 들었다.

 어머니가 주신 유물이 돈도, 땅도 아닌 청자 도자기다. 고려 때 만든 것이라면 '고려청자'일 텐데, 내 짐작으론 '청자'일 뿐이다. 하나는 청자 구름·학 무늬 매병이고, 하나는 상감청자 매병이다.

　청자 구름·학 무늬 매병은 원형 속의 학이 20마리였고, 날아다니는 학은 10마리였다. 상감청자 운학·무늬 병은 원형 속 학이 30마리이고, 소나무 속에 날아다니는 학은 20마리였다. 주둥이 모양은 모두 매화 문양이다. 또 병의 받침은 연꽃 문양이다.

　항상 마른 수건으로 도자기를 닦는 어머니의 모습을 떠올려 본다. 이 청자에 어머니의 그리운 숨결이 스며있는 생각이 든다. 나도 엄마처럼 마른 수건으로 청자 도자기를 쓰다듬으며 어머니를 흉내 내본다. 나도 잘 보관하나 이 도자기 딸에게 주겠습니다, 하며 허공을 향해 말했다.

월간 『수필문학』 2024. 9월호

청자

고려 향기 품어 나오는
살아 숨 쉬는 푸른 몸

학, 매화, 구름 떼 불러
상감기법* 뛰어난 독창성

산고의 아픔보다 더 큰
불구덩이에서 새로 탄생
수많은 고뇌의 숨소리로
흙을 흉터 없이 빚어

선조들의 영혼, 땀 집어 올려
아름다운 비색 건져 올려 역사를 썼다

*상감기법:유학과 가마의 내부 온도와 가마 외의 공기 온도의 차

2

뗄 수 없는 공생

딸만 셋이요

 큰딸은 앞세우고 두 딸은 양손에 꼭 잡고 꼬까옷 입고 나들이 간다.
 카사리 실로 예쁘게 뜨개질하여 3색으로 모자까지 쓰고 세 공주가 걸어간다. 지나가는 사람들 걸음을 멈추고 바라본다. 쯔쯔쯔! "딸만 셋이요?"
 내 귓가에 칼날이 되어 멈춘다.
 전통의 사회에서 일상화하던 남존여비(男尊女卑)의 관념은 근대 이후에도 습속과 관행의 형태로 잔존해 왔다. 대부분의 딸은 아들보다 못한 존재로 취급받으며 교육의 기회나 상속의 대상에서 배재되었다. 남존여비라는 구시대의 유물이 되었지만, 여성도 남성과 동등한 수준의 지위와 인격을 가진 존재라는 엄연한 사실을 생활 속에서 완벽하게 구현하기 위해서는 여전히 넘어야 할 문제들이 적지 않다.

역사상 대부분의 사회는 남자를 높이고 여자는 낮추는 남녀 불평등한 현상을 보여 왔다. 이는 수렵 채집을 위주로 한 원시사회, 농경사회 이후 나타난 현상으로, 그 원인을 사유재산제의 발달로 남녀의 경제적 지위가 위계화되면서 일어난 것으로 보고 있다. 또한 거의 모든 문화의 일반적인 현상이었던 남녀 불평등이 유교문화권에서 '남존여비'라는 용어로 합리화되어 온 것이다.

고려 말기에서 조선시대에 오면서 학자들까지 남자는 이끌고 여자는 따른다는 '남수여종(男帥女從)' 여자를 남자의 종속적인 위치로 설정힌 '삼종지도(三從之道)' 아내는 반드시 남편을 따라야 한다는 '여필종부(女必從夫)' 등의 용어가 사회적으로 통용되었다. 또 유교의 경전이 '암탉이 울면 집안이 망한다'거나 '여자가 재능이 없는 것이 덕(德)'이라는 말은 남존여비 관념을 강화시키는 지식의 근거가 되었다.

칠거지악(七去之惡)에는 시부모에게 순종하지 않을 경우, 아들을 낳지 못할 경우, 남자가 다른 여자를 질투하는 경우, 병에 걸린 경우, 말이 많은 경우 등 강제 이혼의 요건을 만들어, 여자들을 도구화하고 사물화시킨 여러 규정은 여자의 지위나 인격이 근본적으로 비천(卑賤)하다는 관념이 있지 않고서는 나올 수 없는 것들이다.

중국의 춘추시대 말기에 공자가 체계화한 사상을 계승한 유교는 인과 덕에 의해 천명에 따른, 이상 세계를 인간의 힘으로 실현할 수 있다 보았다. 이 사상은 유교 경전인 사서삼경에 녹아 있다. 공자의 사상은 삼국시대 이전부터 우리나라에 전파되었지만, 주로 국가운영원리로서의 유학이었다. 종교의 체계를 갖추는 것은 고려 말, 조선 초에 이르러서다. 조선의 경우 주자학 일변도로 치달았고, 공자의 인간의 내면적·관념적 측면과 외면적·경험적 측면을 주체적 자각을 통해 통합적으로 인식하게 하였다.

중국 유교의 공자 사상을 잘못 들여온 우매한 학자로 인하여 우리나라의 남존여비 사상으로 말미암아 여성들이 고통으로 삶은 포기할 정도로 비참한 세월을 보냈다.

조선의 역사가 물러감에 신여성들의 투쟁으로 여성의 무지에서 깨어나기 시작하였다. 여자들의 삶이 여권 신장으로 남녀가 평등하게 교육받을 수 있는 기회가 생겨 다행이다.

나는 세 딸과 함께 남해의 푸른 바다를 바라보며, 두 팔을 번쩍 들어 어깨를 활짝 폈다.

"누가 나를 보고 쯔쯔쯔! 했나?"

"딸이 셋이라 행복합니다."

큰소리로 외쳐 보고 싶다.

열무김치 담그기

 올해도 어김없이 남편은 열무와 열배추를 잔뜩 심어 놓았다.
 다섯 손수레를 뽑아서 수돗가 은행나무 그늘에 수북하게 쌓아 놓았다.
 나는 화가 나서 김칫거리를 심어놓은 남편을 원망했다. 왼손을 다쳐 힘을 쓰지 못하고 있으니 여간 힘든 게 아니다.
 올해로 43년 지기 선배가 내 사정을 듣고 시골까지 따라왔다. 미안하고 죄송했지만, 혼자서는 도저히 할 수 없어 모시고 왔다. 나보다 6세나 더 드셨는데 몸이 건강하시고 손이 빨라 일을 잘 하신다.
 남편이 열무 가꾸기는 정성을 다한다. 유기농만 고집하고 화학비료와 농약은 절대 안 쓴다. 그러니 벌레가 싹이 나기가 무섭게 뜯어먹는다. 그래서 씨앗을 심자마자 모기장을 씌운다. 그 둘레는 고라니가 못 덤비게 울타리를 2겹으로 친다. 열무와 열배추는

연해서 다루는 데 신경을 쓰며 다듬었다.

 옛날에 어머니가 '콩밭 사이에 심은 열무가 연하고 맛이 있단다.' 하셨던 말씀이 생각났다. 남편은 콩밭 아닌 열무, 열배추 밭에 모기장을 씌워 가꿔서 연하게 키웠다.

 선배와 나는 방석을 깔고 앉아 하루 내내 다듬었다.

 저녁에 씻어서 절일까? 생각하다, 짜게 절여질 것 같아 시들지 않게 물만 뿌려 놓았다.

 밤에 열무김치를 국물이 자작하게 담기 위해 레시피 준비를 해 놓았다.

 유튜브에서 '찐 감자를 갈아 넣으면 맛있다.'라고 해서, 처음으로 시도해 보기로 했다. 처음에는 다시마 국물을 냈다. 다시마 국물에 찐 감자를 갈아 넣었다. 처음이라 미심쩍어, 다시마 물에 밀가루로 죽을 만들어 넣었다. 그 바탕 물에 마늘, 생강, 양파, 무, 파란 풋고추, 청양 풋고추, 붉은 고추, 배를 갈아 넣었다. 당근과 양파는 채를 썰어 넣고, 쪽파도 4cm로 썰어 넣었다.

 새우젓, 멸치젓, 갈치젓, 매실 효소, 양파 효소, 고춧가루 등 많은 양념을 커다란 스테인리스 대야에 넣고 휘저어 양념 레시피를 만들어 섞어 놓았다.

 아침 새벽 6시에 일어나 2번을 씻은 다음 소금물을 김칫거리에 부었다. 1시간 30분 후 뒤집어 놓고, 또 1시간 30분 후에 3번을 씻었다.

 김칫거리가 싱거운 듯하여 레시피 만들어 놓은 곳에 천일염을 넣었다.

그리고 그 국물을 부으면서 김칫거리를 조물조물 살살 주물러서 김치통에 담았다.

다섯 수레의 김칫거리에서 열무김치가 7통이 나왔다. 힘겨운 열무김치 만들기의 긴 장정이 끝나니 마음이 뿌듯했다.

시골에서 먹을 것 1통만 남겨 놓고 서울에 가지고 왔다. 선배 후배 자녀들 사돈집까지 돌리고 나니 우리 것은 1통만 남았다.

김치를 먹어 본 사람들이 전화하여 '너무 맛있다.' 기뻐하며 칭찬해주니, 힘들었던 고생이 사라졌다. 내년에 열무와 열배추를 심어 놓으면 '이혼'하겠다고 소리를 질렀는데, '또 김치를 해야 하나?' 하는 생각을 하며 혼자 웃는다.

나에게 온 할미꽃

할미꽃은 우리나라의 특산물로 전국 산지의 건조한 양지바른 곳에 잘 자란다. 시골집 마당 꽃밭에 두 폭의 할미꽃을 심었다.

어릴 때 양지바른 곳에서 꽃을 보았던 기억이 있어 자세히 들여다보았다. 흰털을 잔뜩 뒤집어쓴 밝은 자줏빛 꽃송이가 한쪽으로 구부린 채 고개를 푹 숙였다. 꽃은 회백색 털에 감싼 채 가련하게 보였다.

털을 만져 보니 세상에서 가장 부드러운 오리털보다 더 부드러워 보였다.

할머니의 머리카락보다 더 부드럽다. 이 꽃은 추운 3월 초부터 피어나기 시작했다. 2개월이나 되었는데도 변함없는 모습으로 고개 숙인 채 그 모습 그대로 서 있다.

할미꽃을 자세히 계속해서 쳐다보니 나의 미래의 모습과 같아지는 것 같아 꽃 앞에 앉아 꽃을 쓰다듬어주었다. 양지바른 곳에 피어있는 모습이, 어릴 때 동무들과 옹기종기 모여 햇볕에서 놀던 생각도 났다.

어릴 때 읽었던 '할미꽃의 유래'가 생각났다.

옛날 어느 시골 할머니가 아들과 며느리를 먼저 보내고, 세 손녀딸을 키워서 출가시켰다. 할머니가 외롭고 쓸쓸해서 손녀딸 집을 찾아 나섰다. 두 손녀딸 집에서 푸대접을 받았다. '더 머무를 곳이 못 된다' 생각했다. 어릴 때 착했던 셋째 손녀 집에 가려고 길을 나섰다. 길은 멀고 기력은 떨어진 상태로 걷다가 어두움을 만났다. 눈보라를 만나 춥고, 배고파서 셋째 손녀딸네 집 어귀에서 그만 쓰러져 죽고 말았다.

셋째 손녀는 할머니가 자기 집에 오다가 죽은 것을 알고 너무 슬퍼했다. 할머니를 양지바른 곳에 묻어드렸는데 그 산소에 이름 모를 꽃이 피었는데 할머니의 모습과 같아서 '할미꽃'이라 이름을 지었다.

나는 어릴 때 읽었던 할미꽃에 대한 유래와 '슬픈 추억'이라는 꽃말을 되뇌며, 할미꽃을 쓰다듬었다.

꽃이 부드러운 털로 감싼 게 추운 날씨에 돌아가신 할머니를 따뜻하게 덮어주는 이불일까.

딸이 많은 나는 할미꽃처럼 되지 않으려면 어찌해야 할까. 할미꽃 옆에 쪼그리고 앉아서 할머니의 넋을 위로해 본다.

할미꽃은 할머니의 허리처럼 고개가 아래로 구부러진 채 흰털을 뒤집어쓴 꽃 모양이다. 꽃이 핀 후 꽃잎이 떨어지고 나면 그 자리에 암술 날개가 하얗게 부풀어져 있다. 마치 백발노인이 머리칼을 풀어헤친 모양이 할머니를 연상하기 때문에 붙여진 이름이다. 그래서 할미꽃을 백두옹(白頭翁)이라 하기도 한다.

인간은 때가 되면 누구나 자신의 일몰 앞에 서게 된다. 남은 삶을 어떻게 살아야 할지 남은 미래를 내다보며 살아야 한다.

세월은 흘러가는 물과 같아서 한번 지나가면 되찾을 수 없다. 한순간도 영원한 것이 없다. 세상을 작별하게 될 때 홀로 있는 자신 외에 아무것도 없다. 자녀들한테 효(孝) 받기를 기대하지 말자. 매 순간 후회 없이 잘살아야 한다. 지난 과거에 연연하지 않고 현재에 주어진 상황에서 자신이 좋아하거나 하고 싶은 일을 하면서 사는 것은 그 어떤 명예와 부를 가진 삶보다 값지고 축복 된 삶이다.

양봉(養蜂)에 고통받은 삶

내가 결혼할 때 남편은 양봉이 10통이 있었다.

최전방에서 군 생활할 때 시간이 아까워 부대 이웃 동네에 벌을 키우는 분에게 방법을 배웠다고 한다. 그곳에서 3년이란 시간을 소비하며 틈틈이 배워서 제대하는 날 '벌 2통 사 들고 힘들게 버스에 싣고 왔다' 했다. 너무 생소한 이야기라 나는 그런 이야기를 들으며 '대단한 사람이네' 했다.

어느 날 우이동 산에서 벌꿀을 딴다고 와서 '구경하라' 해서 신이 나서 찾아갔다. 원통 같은데 칸막이가 있는 곳에 직사각형의 벌집을 넣고 돌리니 원통에서 꿀이 분리되어 작은 구멍으로 나오고 있었다. 나는 너무 신나서 그 구멍에 정종병 빈 병을 대고 있었다. 병으로 꿀이 줄줄 흘러 들어가는 모습이 신기하고 좋았다. 꿀이 한 병 가득 담기고, 넘치는 줄도 모르고 신나서 구경만 했다. 내가 잘못 잡아서 아까운 꿀이 옆으로 흐르기도 했다.

남자는 병 옆에 흐르는 꿀을 손가락으로 쓸어서 자기 입에 넣고 연신 빨아 먹곤 했다. 그때는 이 남자가 왜 이리 추접할까? 생각도 못 했다. 신기하고 좋게만 보였고, 직장도 다니며 부업으로 한다기에 참, 성실한 남자라고 눈에 콩깍지만 잔뜩 끼게 되었다. 둘째 오빠가 '참 똑똑하고 성실한 남자'니 만나 보라고 했다.

이 남자와 만난 지 2년 만에 결혼하게 되었다. 11살 때 엄마를 여의고 서울 올라와 고학한 이야기를 하면서 '자기는 고아'라 했다.

남자는 가난했지만, 둘이서 맞벌이를 하면 얼마든지 잘 살 거라 생각했다. 부모님은 계모라 꺼렸고, '할머니 손에 커서 좀 꺼림직하다'고 했다. 그건 그 사람의 의도는 아니니까 어떠냐고 그냥 결혼을 했다.

또 효자인 엄마의 둘째 아들을 믿으셨다.

할머니가 손주의 서울 생활에 밥을 해 주고 계셨다. 결혼식을 했어도 할머니는 시골에 가시지 않았다. 오히려 학생들한테 피해를 줄까 우리는 겨울방학에 결혼식을 올렸다. 10일도 안 돼서 계모의 아들이 초등학교를 졸업하자, 서울로 유학을 왔다. 나는 생각지도 않고 있다가 할머니를 모시고 시동생을 돌보며 신혼 생활을 했다. 고아는커녕 종갓집 장남에 일 년에 13번의 제사를 지내는 사람이었다. 제사 때 물건 사 오라는 심부름 외엔, 할머니가 나에게 살림도 맡기지 않았다. 오순도순 둘이 맛있게 해 먹을 수 있는 기회도 없고, 시장 보는 것도 할머니께 빼앗기고 말

앉다. 그래서 나는 신혼 생활의 즐거움이란 없다.

　나는 남편의 양봉(養蜂)을 돌봐줘야 한다는 핑계로 왕복 6번의 버스 출근을 하기 시작했다. 신혼의 꿈은커녕 고통과 슬픔의 연속이었다. 결혼하자마자 임신한 몸으로 6번의 버스 타기는 고통을 지나 아픔이었다. 울고 다니는 고통을 안 남편이 버스 4번을 줄이는 홍은동 빈대 소굴의 집을 얻어 이사했다. 그곳에서도 나와 딸은 빈대를 물리는 바람에 잠을 못 잤다. 잠을 자다 118방의 빈대를 물린 딸을 보고 소리 죽여 흐느껴 울기도 했다. 그곳에서 다시 우이동으로 구들장도 없었던 십 상사 집을 사서 이사를 했다. 다시 6번의 버스를 타고 직장을 다녔다.

　산림청에서 '방제작업'을 한다는 소식이 들리면 남편을 벌통을 안방, 마루 등에 피신을 시킨다. 어느 날 퇴근하면, 왕방울만 한 딸의 눈이 얼굴에 묻혀있고, 얼굴이 퉁퉁 부어 찌그러진 외계인으로 변해있다. 그놈의 벌이 딸을 쏜 것이다. 착하고 예쁜 딸은 벌이 쏘면 엥~ 한 번 하고 잘 울지도 않는 순둥이라 나는 그게 더 마음이 아팠다.

　'벌 때문에 아이를 벌 쏘게 되었다'고 내가 화를 내면, 남편은 "미리 벌침을 맞아서 앞으로 더 건강하게 될 거야"라고 했다.

　나는 퇴근해서 놀다 늦게 오는 남편에게 소리 없는 총이라도 있으면 쏘고 싶은 심정이었다. 나는 지금도 세 딸이 있지만, 큰딸을 너무 아프게 고생시키면서 키운 게 너무 미안했다. 남의 아이들 키운다고 입학식도, 소풍도, 운동회도, 졸업식에도 참석해 보지 못한 엄마라 항상 미안하고 고맙다.

항상 '동생들 좀 잘 챙겨 주라'고 주문하면, 그 말을 잘 따라 동생들을 잘 챙겨 주었던 큰딸!

나는 남편에게 말한다. 우리가 돈을 모은 것은 우리가 모은 게 아니고 '자식들과 함께 모은 것'이라 말한다.

세 딸이 모두 결혼하여 가정을 잘 꾸려가고 있다. 가장 미안했던 큰딸은 살림도 잘하고 손주들도 잘 키우고 있어 고맙다.

악귀를 쫓는 팥죽

"할머니, 이게 뭐예요?"

나는 이삿짐을 정리하다 남편의 소리치는 소리에 깜짝 놀라 달려가 보았다. 그곳에 가 보니 시할머니가 깨끗한 새집 벽에 주걱으로 팥죽을 뿌리고 있었다. 결혼하여 처음 장만 한 집에 핏빛 죽을 뿌려댔으니 놀라기도 했겠다.

음력 11월은 24절기 중 22번째 절기인 동짓달이라 한다. 동짓달 팥죽은 전통적인 대표 음식으로 질병과 잡귀를 물리친다는 의미가 있다. 팥죽 먹는 것은 한 해의 시작을 나타내며, 쌀은 풍년과 풍요로움을 상징하고, 팥은 건강과 기운을 의미한다. 따라서 동짓날 팥죽은 새해를 맞아 건강과 행운을 기원하는 의미가 있다.

동짓날은 겨울 중 밤이 가장 길고 '음'이 극에 이르는 것을 의미한다. 동짓날을 계기로 낮이 다시 길어지기 시작함으로 '양'의 기운이 싹트는 시기이다. 사실상 옛사람들은 동지를 경사스러운 날로 여겨, '작은 설'이라고 부르기도 했다.

동지가 지나면 봄이 오는 소리가 들리는 듯하다. 낮의 길이가 조금씩 조금씩 늘어남으로 빛의 길이도 길어지기 때문이다.

동지는 중국에서 6세기 중후반에 쓴 중국 고서 『형초세시기(荊楚歲時記)』에 중국에 공공(共工)씨가 '재수가 없는 아들이 동짓날 죽어서 역귀가 되었다'고 했다. 그리고 그 아이가 살아있을 때 팥을 두려워했기 때문에 동짓날 팥죽을 쑤어 물리친 '유래담'으로 전해진다.

우리나라는 고려시대부터 팥죽을 먹기 시작했다. 천연두에 걸린 아이 귀신을 쫓기 위한 것으로 동짓날 먹는 팥죽은 각별한 의미가 있다.

동짓날 팥죽을 먹는 이유는 붉은 팥이 가진 양의 기운으로, 나쁜 기운을 물리치고자 했던 마음이 풍습으로 자리 잡은 까닭이다.

동지에 해당하는 날이 음력 동짓달 1~10일 경우는 애동지라 하여 팥죽 대신 팥이 들어 있는 떡을 먹는다. 동짓달 11~20일 경우는 중 동지라 하여 팥죽을 먹는다. 동짓달 하순 21~30일에 들면 노동지(老冬至)라 한다.

어떤 사람은 장례식장에 갈 때 팥알 몇 개를 주머니에 넣고 간다. 팥죽을 통해 악귀를 쫓아내기 때문에 새해를 맞이하기 위해 준비를 하는 데 의미가 있다. 팥죽에 들어 있는 새알심은 나이의 숫자를 의미한다. '나이의 숫자대로 먹어야 된다'는 선조들의 지혜로운 생각들이 풍습이 되었다. 하지만 나이 많은 사람이 나이대로 새알심을 먹다 소화를 못 시키게 되면, 몸에 해로울 것 같아 염려도 되었다.

  친구의 팥죽 솜씨는 죽으로서 일품이었다. 해마다 팥죽을 쑤어주는 마음도 '악귀를 퇴치하고 건강하게 함께 잘살자는 깊은 뜻'이 있었는데, 뜻도 모르고 먹기만 했으니 새삼 '미안하고 고맙다'는 생각이 든다. 할머니의 팥죽 또한 손자의 새집에 모든 악귀를 쫓기 위함이었을 것이다. 손자를 사랑했던 마음이 고인이 되어서야 이해가 되었다.

동짓날

24절기 중 22절기
팥죽 먹으면 무병장수
이사 가던 날 할머니는
장독대에 올려놓고 두 손 모아 비빈다

악귀가 따르지 못하게
여기저기 뿌려 댄다
새집에 진홍빛이 흥건
일생에 처음 장만한 집

핏물에 물들었다
흥분한 손자
얼굴 빠알간색
악귀를 물리친다는 말

이 봄을 맞이하며

양재천이다. 새봄이 움트고 있다.
얼어붙은 개울가에 버들강아지 솜털을 뒤집어쓰고 얼굴을 내밀고 있다. 모진 추위에 움츠러들지 않고 싹을 틔우고 있는 버들강아지의 강인한 생명력이 정다운 모습으로 나의 발길을 멈추게 한다.
갈대와 억새가 퇴색한 틈에서 망초잎, 어린 쑥, 쑥부쟁이 등, 어린잎이 고개를 살짝 내밀며 밖을 내다보고 있다. 봄 햇빛이 머물다 간 자리에 연둣빛 새싹이 돋는다. 풀숲에 숨어서 조그맣게 파릇파릇 돋는 새싹들, 작고 귀여운 새싹들을 보니 잔잔한 기쁨과 편안하고 아늑함을 느낀다. 뿌리의 힘으로 일어서는 물오른 싹이 파릇파릇하다. 세상을 열고 끈질기게 살아온 식물이 경이로웠다. 식물은 우주에 뿌리를 내린 감정이 있는 생명체이다. 얼음장 밑에서 물고기가 헤엄치고 있다. 냇물을 거스르며 원앙새 두

쌍이 사이좋게 짝을 지어 유유히 헤엄쳐 간다.

　남쪽에서는 텔레비전 화면에 동백꽃이 피고, 매화 가지에 꽃망울이 잔뜩 부풀어진 모습과 유채꽃밭에 성급한 노란 나비가 내려앉는다. 꽃과 향기로 우리의 눈과 숨길을 밝게 해 주고 있다.

　그 풍경은 언제나 고향의 낙원 같다. 그 그리움을 고향 들녘 봄의 입구에서 세워 놓았으니….

　산과 들에 봄꽃들이 앞다투어 피기 시작하면 그에 뒤질세라 고향 냇가에도 봄기운이 머금는다. 연둣빛 대지에 부푼 꿈을 안고 흙 속의 식물이 긴 호흡을 하며 머리를 들고 솟아오른다. 흙 풀린 들녘엔 농부의 땀 냄새가 난다. 보리싹도 겨울을 벗어 버린 듯 더 따뜻한 햇볕에 반짝인다. 계절의 바퀴가 돌며 봄이 익어가고, 파란 보리싹도 꽃바람을 쏘인다. 매화꽃 산수유 개나리 노란 배추꽃이 어깨동무하며 활짝 웃고 있다. 수양버들도 미풍에 활짝 웃으며 몸을 흔들고 있다. 삼동(三冬)을 참아 온 풀포기도 피어난다. 즐거운 종달새가 하늘을 솟구치며 즐겁게 노래한다. 물안개 살짝 가린 꽃동산은 분홍빛 구름인지 꽃인지 저만치서 바라보면 더 환상적이다.

　내 마음도 바람 되어 꽃잎인 양 춤추고 있다. 소슬바람과 꽃바람 속에 꿈은 희망을 낳는 씨앗, 그 희망이 싹터 행복의 꽃을 피운다. 씨앗을 뿌리채소로 가꾸듯 자신의 삶을 조심조심 가꿔가고 있다. 마음속 깊이 싹튼 희망이 행복을 꿈꾸게 하고 있다.

찬란한 신록으로 더욱 빛나는 나무들.

수북이 쌓인 꽃잎들은 한 움큼 흩날리더니 꽃비가 눈처럼 날리고 있다. 마지막 꽃임을 아쉬워하고 있다. 진달래가 피었다 지고 제비꽃이 논둑에 점점이 깔릴 무렵, 개구리는 갑자기 울기 시작한다.

과거는 언제나 행복이요. 이 봄이 가 버린다고 아쉬워하기보다는 아직 남아 있는 시간을 알차게 보내자. 그 빛깔이 곱고 감미로우며 우리를 즐겁게 해 준다.

모든 존재 속에 영원한 것은 없다. 오늘은 이제의 연속이 안 된다. 나무처럼 아무 욕심 없이 묵묵히 서서 새싹을 틔우고 잎을 펼치고 꽃을 피우고 열매를 맺고 싶다. 그러다가 때가 오면 훨훨 벗어버리고 서 있는 나무처럼, 온갖 집착에서 벗어나 꽃을 피웠던 그 가지에서 무너져 내리고 싶다. 삶의 가지에서 미련 없이 떠나서 봄볕을 따라 홀연히 걸어가고 싶다.

하지만 오늘로써 새날이 되어야 한다. 집착은 괴로움의 열매를 맺기 때문이다. 이 봄을 미련 없이 보내야 한다. 진정한 행복은 지금, 이 순간에 존재하는 것이다.

『푸른솔문학』 2024년 봄호

나쁜 DNA 바뀐다

며느리한테 전화가 왔다.
"어머니, 오빠가 자꾸 PC방에 가요. 가지 말라고 하면 화를 내고요. 어머니가 못 가게 말 좀 해 주세요."
"전화를 바꿔라, 너 애 아빠가 되고서도 그 놀이를 계속하고 싶으냐?"
"취미가 없잖아요."
아들의 얘기를 듣고 화가 나서, 핀잔만 주었고, 어쩔 수 없이 전화를 끊었다.
"나쁜 DNA는 변하지 있는가?"
옛날에 시아버지는 노름을 좋아해서 집문서까지 들고 나가 노름을 했다고 한다. 화가 난 시할아버지는 지게 작대기로 시아버지를 팼단다. 시할아버지한테 맞아도 시아버지는 노름을 끊지 못하고 또 노름하러 가더란다. 노름에 빠지니 부모도 처, 자식의 이야기도 소용없더란다.

그 아버지의 아들인 남편도 재미있는 것이라면, 모두 다 섭렵하며 살아왔다. 자신이 즐거움이 있는 곳이라면 끝까지 따라가며 즐기는 사람이다.

그 현상을 이성적으로 끊을 수 없는 게 DNA 때문일까? 생물학적인 것은 타고 난다지만, 성향까지 따라간다는 것은 고칠 수 있다고 생각했다.

나는 내 아들이 제 아빠 닮지 않기를 기원하며 키웠다. 학생때 PC방에서 오락을 몇 번 해서 혼을 내준 일이 있었다. 며느리의 전화를 받고 나니, 아들이 이 병이 다시 도진 것 같아 잠을 이룰 수가 없다.

아들이 장가가는 전날.

"어떤 일이 있어도 아내에게 거짓 없이 살아야 하고, 무엇이든 아내와 의논하고, 신뢰하며 살아야 한다."

"네가 사랑해서 데리고 온 여자이니 끝까지 책임을 다하는 자세로 살고, 취미 생활도 아내와 함께하며, 행복하게 잘 살아야 한다."

나는 아들을 데리고 여러 가지로 내가 겪은 이야기를, '네 아내는 겪지 않도록 하라'고 얘기를 했다.

나쁜 성향의 DNA는 흐르는 것인가?

유전적인 요소는 교육으로도 고쳐지지 않는가. '내일 아침 아들이 일하는 직장을 찾아갈까.' 이 궁리 저 궁리로 뒤척이며 잠을 못 잤다.

이튿날 며느리 집으로 갔다. 아기도 보고 싶었다. 한 달 만에 손자를 보니 많이 컸다. 예쁘게 쑥 자란 모습을 보니 기뻤다. 마침 며느리의 친정어머니가 와 있어서 어제의 일에 대하여 말하지 못했다. 며느리에게 밥을 사주려고 갔는데, 오히려 며느리가 지어 준 밥을 먹고 왔다.

손자는 계속 안아달라 보채는데 며느리가 지어 주는 밥을 먹고 오니 마음이 편하지 않았다. 엘리베이터 앞까지 배웅해 주러 나온 며느리에게 "내가 아들을 잘 못 키워서 미안하구나. 한 번 집에 오너라."

가지 많은 나무 바람 잘 날 없다더니 옛 어른들 말이 틀린 게 아니다.

지하철을 타고 오는 내내 흐린 하늘처럼 내 마음도 흐렸다.

나는 DNA를 바꾸는 방향의 책자를 놓고 공부를 시작했다. 그리고 치사하지만, 아들한테 경제적 돈줄을 조이기 시작했다.

내가 읽은 책 중에.

사람에게는 누구나 좋지 않은 마음이 들어 있다. 더럽고 추하고 가증스럽고 음란한 것들이 있다. 그런 마음을 따라서 마치 짐승처럼 사는 사람도 있지만, 대부분 사람은 자신이 형편없는 존재가 되는 것을 싫어하기 때문에, 나쁜 마음들을 이성으로 밀어내려고 한다. 혹은, 삶이 이미 어느 정도 망가진 경우에도 그렇게 살지 않으려고 애를 쓴다.

"이젠 오락실에 가지 말아라!"

이렇게 가르치고 다짐받지만, 대부분 곧 무너지고 만다. 형편없는 마음이나 모습을 고치려고 하지만 되는 것 같다가도 안 된다. 마음의 DNA가 그대로 남아 있기 때문인가. 마음의 DNA는 자신이 하는 일들을 좋아하기 때문인가.

마음의 변화는 그렇게 해서 이루어지는 것이 아닌가 보다. 변하려면 마음의 DNA를 자신 스스로 바꾸어야 한다. 좋은 마음의 DNA가 들어오면 새로 들어온 마음으로 지혜롭게 되고, 자신의 장, 단점을 알도록 해야 한다.

그리고 자신에 대해 냉정하고 분명하게 볼 수 있어야 한다. '나는 안 되는 인간이구나!' 그동안 내가 잘났다고 생각했던 것들이 얼마나 무익한지 알고, 자신이 얼마나 형편없는 인간인지 알아야 된다.

새로운 마음을 받아들이려면 자신의 마음이 잘못되었다는 사실을 발견해야 한다. 그것이 마음의 DNA를 바꾸는 데 있어서 꼭 필요한 조건이다. '자신이 잘났다 뛰어나다' 여기는 사람은, 절대로 다른 사람의 이야기나 마음을 자기 안에 받아들이지 않는다. 그렇게 살다가 어느 날 자신이 '형편없다'는 마음을 느끼고 발견할 때, 그 마음을 버리고 싶은 마음이 일어난다.

자신 스스로, 형편없는 것을 발견해서, 그 마음을 바꾸고 싶어해야 한다. 사람은 자신이 각오하고 최선을 다하면 게임에서 벗어날 수 있다. 이제는 새로운 마음으로 받아들일 수 있고, 받아들인 새 마음이 그 사람 마음의 DNA가 되어서, 새로운 삶이 나타나는 것이다.

변화는 좋은 마음의 DNA를 받아들이는 데서 이루어진다. 좋은 마음의 DNA를 가진 사람은, 자신이 가진 마음을 누군가가 받아들이면, 그 사람의 마음과 삶이 변한다는 사실을 안다. 사람은 좋은 마음의 DNA 앞에서 '내 생각을 고집할 것인가' 내 생각을 버리고 '새 마음을 받아들일 것인가'를 고민한다. 무엇을 선택하느냐에 따라서 삶이 결정되는 DNA는 스스로 바뀌게 된다.

2019. 11. 5.

성소(聖召) 따라가는 길

으~응~ 신음 소리에 가방을 뚝 떨어뜨린다.

나는 학교에서 돌아와 대문을 열고 들어섰을 때 엄마의 신음 소리에 책가방을 떨어뜨리며 절망했다.

엄마는 한 번 앓으면 3개월 이상을 식음을 전폐하고 자리에 눕는다. 아버지는 엄마를 데리고 종합 병원을 순회하면서 돌아도 엄마의 병명을 찾지 못했다.

우리집 가정 살림은 큰오빠가 맡아서 했고, 나는 설거지를 담당하는 등 집안이 뒤죽박죽되기 시작했다. 배가 고팠지만 오빠가 싸준 도시락이 부끄러워 뚜껑도 못 연 채 집에 다시 가져오는 날이 많았다. 세 살이던 남자 동생도 내가 봐줘야 했고, 학교 갔을 때는 이웃 아줌마들이 번갈아 가며 동생을 보살펴 주기도 했다. 엄마의 부재로 우리 집은 엉망진창이 되었다. 병명도 모르는 엄마를 데리고 이 병원 저 병원 순회하는 아버지도 지쳐 쓰러질

지경에 이르자 마지막에는 청량리 위생 병원까지 가게 되었다.

우리 가족들은 지푸라기라도 잡아 볼 심정으로 안식일 위생 병원에 엄마를 입원시켜 드렸다.

몇 달 동안 종합 병원을 순회했지만, 병명을 못 찾아 입퇴원하기를 반복했다. 그런데 위생 병원에 가서부터는 엄마의 병이 차도가 생기며 안정을 되찾아 갔다. 온 가족이 너무 신기해하였다. 거기서도 병명은 못 찾았지만, 아픔의 고통이 서서히 가라앉았다고 엄마는 말했다.

진료는 이른 아침에 외국인 선교 의사들이 병실을 회진 다니며 이마에 손을 얹고 기도를 해 주는 거로 시작됐다. 약도 주사도 놓지 않아도 엄마가 점차 아픔의 고통도 사라지고, 마음도 가벼워지기 시작했다. 하루하루 새벽이 돌아오기를 기다렸다.

엄마는 2달간의 위생 병원에서 치료를 끝내고 퇴원했다. 어머니를 비롯한 온 가족이 신기해하면서 기뻐하였다.

엄마는 '신(神)의 도움으로 병이 낫다'고 생각하며, 하나님이 고쳐 주셨다고 믿기 시작했다. 동네에 교회가 없어 교회는 다닐 수 없었지만, 엄마는 새벽에 선교사의 기도 내용을 귀담아듣고, 이른 새벽이면 하나님께 기도를 드리게 되었다.

엉망인 가정이 다시 제자리를 잡기 시작했다. 점차 엄마의 기도가 당신만을 위함이 아니고 온 가족의 이름을 넣으면서 기도하는 시간으로 변했다.

얼마 후 우리 마을에도 개척 교회가 하나 생겼다. 흙벽돌의 허름한 교회였지만 목회자 한 분과, 목사 사모 두 분이 교회를 이끌고 있었다. 우리 가족은 휴일이면 모두 예배를 보기 시작했다.

사람들은 엄마가 엄청 아프더니 병원 목사가 병을 고쳤다는 소문이 났고, 동네의 여러 수군거리는 소리에도 괘념치 않고 주일을 지키며 교회에 잘 다녔다.

신기한 것은 믿음 생활을 하는 동안 어머니는 한 번도 신음소리를 내는 일이 없었으며 건강한 모습으로 장수하셨다.

크리스마스가 돌아오면 새벽에 마을 곳곳에 다니며 새벽송을 불렀다. 엄마는 불을 훤히 밝히고 새벽송 다니는 사람들한테 간식 준비를 해서 먹여 보내시곤 했다.

우리 가정은 모두 교회를 잘 다니는 신앙인이 되었고, 동네 사람들은 우리를 '예수 믿는 집'이란 호칭을 만들어 불렀다.

어머니는 공공 기관에서 공부를 못했지만, 어깨너머로 한글을 익히셨다. 성경책 대학 노트 10권에 필사하기도 하였다. 더 놀라운 것은 처음 시작하는 깨알 같은 필체 크기가 대학 노트 10권이 모두 같았다. 한 자도 흐트러짐 없는 형태는 공부를 한 우리도 깜짝 놀라게 했다. 어머니가 돌아가실 때 그 유품을 장로인 큰 오빠가 간직하게 되었다.

둘째 오빠가 39년 전 친구와 사당동에 개척 교회를 세웠다. 친구는 교사 생활을 하다가 신학 대학을 졸업 후 목회를 이끌었고, 오빠는 장로 직분을 가지고 교회를 세웠다. 처음에는 두 가족 교회가 되었다.

세 오빠가 교회 장로가 되었고, 올케 셋은 권사 직분을 갖고 열심히 기도하며 교회를 도왔다.

39년 기념행사에 참석해 보니 교인들도 많아졌고 오빠 올케들이 했던 자리를 젊은 분들이 일사불란(一絲不亂)하게 움직이며 자리를 채워주는 모습을 보니, 엄마의 모습이 그리웠다. 엄마가 좋아하시던 찬송가 301장의 「지금까지 지내온 것」의 노래(지금까지 지내온 것 주의 크신 은혜라~)를 읊게 되니 엄마가 그리워 눈시울이 붉어졌다.

삶의 가치는 의미에 대한 확고한 믿음으로, 힘든 시기에도 변함없이 믿음이 있어야 하고, 항상 내일을 기대하는 소망이 이루어지기를 기도하는 생활이 필요하다.

한국기독교수필문학회 『사랑을 나누는 사람들』 2024년

내 손에 돈은, 힘이다

2023년이 남편의 팔순이다. 친구들 가족들과 팔순 잔치를 했다. 아이들 4명은 아빠 팔순에 해외여행을 못 보내 서운했나 보다. 내가 비행기 5시간 이상을 못 탄다고 우긴 탓도 있지만, 긴 시간의 비행은 고역이다.

가까운 나라 중 못 간 나라를 정하라 해서 '대만'이라 말했다. 작년에는 대만의 화산폭발로 인해서 계획했다 취소한 곳이기도 하다.

7시까지 인천 제2공항으로 나가야 한다. 9시 비행기를 타려면 2시간 전 공항에 나가야 한다. 우리 집에서 인천 제2공항까지 2시간이나 걸린다. 새벽 5시에 버스를 타야 양재역에서 공항버스 6시 전 것을 타야 한다.

그런데 우리집 앞에서 첫차가 5시 20분이라 인천 공항까지 7시까지 갈 수 없다. 할 수 없이 셋째 딸 집에 가서 잠을 자고 셋째 사위가 공항까지 데려다주기로 했다. 나는 딸네 신세를 지는 게 싫어서 셋째 딸네로 안 가려고 궁리했지만, 방법이 없었다. 할 수 없이 짐을 차에 싣고 셋째 딸네로 갔다. 셋째 딸네에 가니 저녁밥을 해 주고 술상을 차리는 등 번거롭게 대접한다. 잠을 편히 자라고 안방까지 내주며 저희들은 애들 방으로 흩어져 잠을 잤다.

나는 그게 마음이 편하지 않아 안 가려고 했는데, 자식이라도 미안했다.

새벽 6시에 커피와 토스트를 싸서 가방에 넣어줘서 큰딸을 만나 함께 공항으로 갔다. '새벽부터 비행기를 타게 한다' 큰딸에게 불평하면서, 88도로를 달려 공항에 가 보니 둘째 딸이 기다리고 있었다. 셋째 사위에게 고맙다는 인사를 하고, 우리는 셋째 딸이 싸준 토스트와 커피로 아침 요기를 하고 입국장으로 들어갔다.

우리가 대만 여행을 하는 것은 자식 네 명이 회비를 걷어서 이뤄졌다. 대표가 큰딸이다. 우리집 가정 행사는 무엇이든 큰딸의 진두지휘하에 이뤄진다. 이 여행도 그랬으리라 생각이 든다.

큰딸은 알뜰하고, 둘째 딸은 손이 커서 무엇이든 듬뿍듬뿍 쓴다. 쇼핑몰에서도 언니는 동생의 씀씀이를 알고 지켜 서서 영수증을 챙기고 있고 수시로 맞춰 본다. 쳐다보는 나는 불편했다. 남편과 나는 돈이 없었다. 환전할 돈을 주었는데 그 돈도 큰딸이 쥐고 있다. 중간중간 다니면서 '엄마 뭐 필요한 거 없어요?' 묻는다. 알뜰한 큰딸을 알기에 '이거 사줘' 하는 말을 못 하겠다. 돈이 없어 따라 다니는 데 힘이 없다. 마음도 좋지 않았다. '늙을수록 돈이 있어야 된다는 말이 바로 이거구나!' 내가 느껴보니 알게 되었다.

나는 A4 용지 넣을 크기의 책가방을 사고 싶었는데, 명품이라 비싸서 선뜻 큰딸 앞에서 잡을 수 없었다. 혼자 쇼핑했으면 살 수 있었을 것을, 돈도 없고, 돈 없이 따라다니는 내 모습이 처량하기까지 했다. 여행의 즐거움은 쇼핑에서도 있고, 그 나라의 특산물도 구경하고 만져 보는 경험도 즐거움의 하나인데, 그런 걸 못 하니 심심하기도 했다.

딸들이 쇼핑한 것을 보니 자신들과 손주들 필요한 것만 샀다.

같이 여행했던 사람들이 '딸들이 효녀예요.' '부러워요.' '딸은 부모님을 비행기 태우고 아들은 버스 태운다는데 맞나봐요.' 모두 칭찬했다. 딸들 때문에 3박 4일의 여정을 믿고, 안전하게 여행 잘했다. 걷다 다칠까 봐 항상 붙잡으려 애쓰는 모습이 고마웠다.

큰사위가 공항으로 데리러 와서 집까지 잘 왔다.

'너희들 때문에 여행 잘해서 고맙다'고 인사했다.

여행을 마치고 집으로 오는데, '엄마 내년에도 이렇게 또 여행가요.' 한다. '싫어!'로 대답했다.

두 팔을 휘두르며 홀로 여행을 잘 다녔는데 아이들 호위에 여행을 다니게 된 모습에 나를 돌아보는 기회가 되었다.

뗄 수 없는 공생

친구가 5년 전에 폐암 수술을 받았다.

친구는 가족과 친구를 멀리하고 산속 숲으로 들어갔다. 친구들은 모두 말렸다.

"아플수록 서울을 떠나면 되겠니? 위급 상황이 오면 병원 응급실에라도 가야지."

친구는 '병원 생활도 힘겹고, 마지막으로 자연 치료를 해 보겠다.'고 울먹이면서 말했다. 그래도 나는 산에 불확실하게 친구를 보내는 마음이 불안했다. 본인 스스로 택한 길이니 더 완강하게 말리지는 못했다.

가끔 TV를 통해 '나는 자연인이다'라는 채널에서 몸이 아파도 산속에 들어가면 병이 낫는다는 얘기를 들은 적 있어, 더는 말리지 못했다.

친구가 떠난 후 수많은 풍상을 겪으며 온갖 삶의 애환을 끌어

안고 말없이 5년이란 세월이 흘렀다. 삶이란 누구나 두 손에 잡히지 않는 햇빛 같은 것. 풀꽃처럼 피었다 티끌처럼 간다. 찬란하고 화려했던 꽃들도 순식간에 사라진다. 저무는 때가 돼야 비로소 보이는 별처럼, 소중했던 것들이 반짝이며 다가온다. 우리의 삶도 이처럼 쉬지 않고 흘러가고 있다. 인생은 밑도 끝도 없이 갈등과 고민과 병마 때문에 짧은 인생을 소비한다. 모든 존재가 아침 이슬 같아서 잠깐 있다가 사라진다. 한치의 앞을 모르는 것이 인생이다. 나도 친구와 같은 처지가 안 된다는 보장이 없다.

 쓸쓸히 산길을 걷다 보니 오솔길 한 모퉁이에 커다란 소나무와 굴참나무가 있어 그 숲속으로 들어갔다. 연둣빛 세상이 진초록으로 물들었다가 어느새 잎끝이 붉게 변해 가고 있었다. 그 더웠던 폭염과 억센 비바람을 잘도 견뎌낸 상태였다. 태풍 때문에 나뭇가지 몇 개는 잃었지만, 나무의 우듬지만큼은 굳세게 자리잡고 있었다. 나는 나무가 대견스러워 고개를 치켜들고 올려다보았다. 살랑 바람이 솔솔 불어 땀을 씻겨 주니 나무 그늘이 시원하다. 나무에서 나오는 맑은 산소 때문에 공기가 상쾌했다. 혹독한 겨울을 견뎌내고 또다시 파릇파릇한 싹과 꽃을 피우겠지. 나무는 우리 인간에게 떼려야 뗄 수 없는 친구였다.

 나는 자연의 어김없는 순환에 숙연해졌다. 삶의 순리를 저버리지 않고 오로지 자연의 장엄한 흐름에 몸을 맡기고 있었다. 씨앗이 자라 싹이 나고, 잎이 무성하고, 꽃이 피면 그곳을 지나는 모든 사람의 마음을 환하게 만들어 간다. 식물을 키워내며 흙냄새를 맡는 것은 소소한 행복을 만드는 비결이다. 계곡마다 푸름이 가득하고 물이 모여 아래로 졸졸 흘러갔다. 맑은 계곡물 한가운데서 은빛 작은 물고기들이 유유히 춤을 추며 바위 틈에서 숨바꼭질을 했다. 나뭇가지 사이로 햇빛이 내리면 계곡물은 은빛을 이루면서 더욱 찬란했다. 나뭇가지 사이로 보이는 푸른빛 하늘에도 흰 구름이 한가롭게 흘러갔다.

커다란 나무숲에도 작은 나무가 몸을 비비며 큰 나무 틈에서 자라고 있었다. 저 큰 나무도 작은 씨앗으로 시작하여 거목이 되었다. 이른 봄, 겨우내 얼어붙은 땅을 비집고 나와, 싹이 기지개를 켜며 자라고 있었다. 뚜렷한 4계절이 사라지고 아열대 기후로 변하고 있었다.

한여름 뙤약볕을 피해 나무 그늘에서 땀을 식혔다.

마을 어귀마다 당산나무 아래서 지친 마음을 내려놓고 기도한다. 나무도 어엿한 생명이며 심지어 인간보다 더 오래 지구를 지켜온 생명체이다. 평생 한자리에서 살아야 하는 기막힌 숙명을 받아들이는 나무를 보면서 나 역시 많은 힘을 얻는다.

나무의 삶은 결국 버팀 자체이다. 생존을 위한 버팀은 한 번 싹을 틔운 곳에서 평생을 살아야 한다. 비바람 몰아쳐도 피할 곳이 없다. 사람을 비롯한 다른 생명체의 위험도 고스란히 감내해야 한다. 어떤 시련도 결코 자신의 삶을 포기하지 않고 있다. 이처럼 자연은 우리에게 많은 지혜를 준다.

나무도 숙명이 다하면 자신의 육신을 아낌없이 자연- 흙과 동물, 곤충과 버섯 등에 다 내어 주고 떠난다. 사람에게도 무한한 도움을 주고 간다.
　나무는 예나 지금이나 지구를 지키면서 모든 생명체를 지켜 준다. 나무를 사랑하고 기대는 마음을 저버리지 않은 친구에게 건강한 삶을 주는 나무! 나무는 언제나 사람 곁에 있음을 나는 확신한다. 자연재해를 통해 지구의 생명체를 멸망시키기도 하지만, 나무를 아끼고 사랑하면 우리들의 생명을 튼실하게 지켜 준다.
　나무를 의지하면 나무는 지구를 살 시켜 준다.
　나이를 먹으면서 나는 제 속을 비우고 작은 생명을 품는 나무를 본다. 가진 것을 스스럼없이 나누는 삶, 비움으로써 채우는 생명의 묘미를 깨닫게 한다. 나무는 세상 무엇에도 해를 끼치지 않고, 존재 자체로 인간에게 휴식처가 되어주며 긴 평온을 안겨 준다.

새로 나온 옥수수

며느리가 옥수수를 사 왔다.

어릴 때 어머니가 쪄준 옥수수 생각이 났다. 옥수수, 감자, 단호박을 쪄서 툇마루에 앉아서 먹곤 했는데 그때 먹던 옥수수는 참, 맛이 있었다. 며느리가 사 온 옥수수를 보니, 어머니와의 추억까지 생각나 눈시울이 적셔온다.

"어머니 이 옥수수는 날로 먹어도 된대요."

"그러니. 별난 게 다 있네. 옛날에는 날것 먹으면 배탈 난다고 했는데."

나는 옥수수를 몇 알 떼어먹어 보았으나 달기는 한데 '설컹설컹'한 느낌이 들었다. 이 옥수수는 '초당(艸糖) 옥수수'란다. 의성의 젊은 농부의 아들이 미국의 옥수수 품종 중에서 달고 '아삭아삭한 옥수수가 과일처럼 먹을 수 있다'는 것을 발견하였다. 우리나라에서 재배해보고 싶어서 씨앗을 수입했다.

고향의 경북 의성에서 실험 재배를 했다. 그러나 바람, 햇볕, 밤낮의 온도 차가 심하여 몇 년을 실패하였다. 이웃 농부들도 함께 따라 해 본 후 실패를 거듭하자, 함께 농사짓는 것을 꺼렸다.

몇 년을 실패한 후 실험 재배에 성공하여 커다란 성공을 거두었다. 이에 힘을 얻어 '식탁이 있는 삶'이란 센터를 만들었다. 우리나라의 좋은 품종과 여러 종의 외국 품종을 결합시켜 실험 재배한다. 수익성이 높은 신품종을 만들어서 농부들에게 선도금을 제시한 후 재배토록 하였다.

기업의 횡포에 맞물려 있다는 농부들의 두려움을 없애고자 모든 수확금 일부를 선지급한 후 농산물 수확이 끝나면 일정 금액에 매입해 주고 있다.

모든 농산물이 이렇게 계획 재배되고, 재배된 농산물을 전액 매입해 줌으로 농가의 소득이 높아져 농부들이 불안하게 농사를 짓지 않아도 된다.

소비자들도 싸게 좋은 먹거리를 먹을 수 있다. 생산자도 마음 놓고 농사를 지으면서 노력한 대가를 받을 수 있어, 서로 원윈하는 행복한 먹거리 문화가 형성될 수 있다.

나는 며느리가 사 준 옥수수를 날로는 먹을 수 없었지만, 나의 습관대로 18브릭스의 달콤한 옥수수를 찜기에 넣고 푹신하게 쪘다. 어머니의 사랑과 추억을 듬뿍 곁들여 먹으면서 새삼 '세상이 참 많이도 달라지고 있구나!' 생각하며 옥수수를 맛있게 뜯어 먹었다.

2021. 8. 10.

루시의 화초장

엄마, 루시가 죽었어!

전화로 흘러들어 오는 딸의 울음소리, 그 옆으로 아이들의 울음소리가 내 고막을 친다.

루시는 18년이란 긴 세월을 딸과 함께한 고양이다. 둘째 딸은 유별나게 동물을 좋아했다. 주택에 살 때는 개를 키웠고, 아파트에 이사 와서는 고양이를 키우기 시작했다.

나는 네 자녀를 키우면서 '동물까지는 관리 못 한다'고 아이들한테 하소연도 했고, 윽박지르며 '같이 나가서 살라'고 으름장도 종종 냈다.

한편으론, '내가 곁에서 사랑을 덜 주어서 동물을 좋아하나 보다' 하는 짠한 생각에 아이들한테 미안한 마음이 들기도 했다.

딸은 결혼하면서 고양이를 함께 데리고 갔다. 고양이를 데리고 시집을 가니 나는 좀 홀가분했다. 고양이를 손주 출산하게 되자 잠깐 나에게 맡겼는데, 이때는 내가 퇴직을 한 후라 고양이와 함께할 수 있었다. 고양이는 내 발치에서 잠을 자기도 하고, 거실 소파에 앉아 있기라도 하면 '꾹꾹' 나를 누르며 안마도 해주었다. 딸네 가족들한테 사랑을 많이 받아서인지 나를 졸졸 따라다니는 게 귀여웠다. 나를 전혀 괴롭히지 않았다. 대소변을 혼자 처리하는 등 개보다는 훨씬 기르기가 수월했다.

딸은 자기네 농장이 파주에 있는데, 굳이 아빠가 운영하는 공주 농장에 고양이를 묻겠다 했다. 나는 바빠서 못 가니 너희 가족끼리 가서, 언덕 밑의 호두나무 세 그루 중에 가운데 나무 밑에 수목장으로 묻으라 했다. 그곳이 '양지바른 좋은 장소'라고 말해 주었다. 지관장이는 아니지만 양지바르고, 바로 그 위에 꽃밭이 있고, 집과도 가까우니 좋을 것이라 생각했다.

다음 날 딸에게 전화 왔다. 루시를 수목장하지 못하고 '꽃밭에 묻어주고 왔다'고 했다. 마음으로는 화가 났지만, 핀잔하면 또 울고불고할 게 겁이 나고 또 손주들에게도 상처를 줄까 아무 말도 하지 않았다.

"엄마! 나무 밑은 구덩이를 팔 수 없어서, 흙이 잘 파지는 꽃밭에 묻었어요."

"그 위에 꽃을 심어야 되는데, 꽃모종을 낼 수 있겠니?"

남편의 상추밭 아래에 백일홍, 화련화, 채송화, 해바라기씨를 잔뜩 파종해 놓았는데, 일년초 꽃밭에 루시의 무덤이 있다니 어찌한담. 그래도 울고불고하는 딸 가족들한테 뭐라 말할 수는 없었다. 순간, 나는 그 꽃밭에는 '목마가렛을 심어야 된다'고 말했다. 그 꽃은 풀꽃이지만 다년생으로, 작약과 같이 다시 싹을 틔우며 꽃이 피는 꽃이라고 했다.

딸 가족들은 내가 시골집에 가는 날을 맞춰, 비가 오락가락하는 날임에도 시골집에 내려왔다. '사랑과 감사'의 꽃말을 가지고 있는 핑크색 마가렛을 화원에 들러 사 들고 왔다.

루시의 무덤을 살펴보니 꽃밭에 구덩이를 파 놓았다.

"화초장이 아니라 호수장이네. 흙을 파와야 웅덩이를 메꿀 수 있어."

양동이에 흙을 담아 나르기 시작했다. 양동이로 열 번을 퍼다 부으니 편편해졌다. 나는 그 위에 퇴비를 뿌리고 핑크색 마가렛을 심었다. 훌륭한 화초장이 되었다.

모든 동물과 사람도 생이 다하면 흙으로 돌아가는 것인데, 산 자는 죽은 자를 떠나보내야 하고, 죽은 자는 정든 이들을 남겨두고 가야 한다.

'동물의 화초장'을 치러보니 나 자신도 '화초장'이 좋을 듯하다. 봄 되면 양분을 펌프질하여 꽃을 피우고, 여름이면 여러 색의 꽃향기를 맡고, 가을이면 꽃을 떨구어 주고, 겨울이면 꽃과 같이 봄을 기다리며 영면하고 있음이 좋을 듯했다.

2024. 5. 30.

엄마의 보물 1호 재봉틀

 딸과 동평화시장에 갔다.
 시장 골목을 지나다 '드르릉드르릉' 경쾌하게 들리는 재봉틀 소리에 나도 모르게 발걸음을 멈췄다. 엄마의 숨소리였고 나를 부르는 소리였다.
 내 나이 갓 돌을 지났을 때 2살배기 나를 업고, 머리에 보물 1호인 '싱가 재봉틀'(일제 재봉틀 상표 이름)을 이고 '피난길'을 나섰다는 엄마의 말소리가 들리는 듯했다. 충청도 어느 시골 마을에서 3년간 재봉틀을 가지고, '삯바느질'을 하며 힘든 피난 생활을 견디셨다고 하셨다.
 내 나이 5살 때 피난에서 돌아오면서도 '싱가 재봉틀'은 엄마의 머리에 얹어져 같이 돌아왔다. 동네에서 우리 집에만 있는 귀한 손재봉틀이었다.
 나는 엄마가 없을 때 재봉틀을 여러 번 해 본 결과 박음질을 곧잘 하게 되었다.

오빠들의 학기가 끝날 때는 쓰지 않은 공책 뒷면을 뜯어내어 한쪽으로 박으면 훌륭한 공책이 몇 권씩 탄생했다. 세 오빠 중 마음에 안 드는 오빠는 얇은 공책을 만들어 줬고, 좋아하는 오빠는 두꺼운 공책을 만들어 주는 등 동생으로서 횡포를 많이 부렸다.

운동회가 다가오면 우리 집에서 동네 엄마들이 모두 헝겊 천을 가지고 모였다. 엄마가 만들어 주는 무용복을 입어 보고, 감자, 단호박, 옥수수를 쪄서 먹으며 운동회 전야제를 즐겁고 시끌벅적하게 보내던 일이 생각났다.

내 삶이 바쁘게 돌아가다 보니 엄마의 소리를 놓치고 살았다. 수십 년이 지난 후 생각해 보니 엄마의 소리를 찾고 싶어졌다. 이 재봉틀이 어디로 갔을까? 나처럼 손재봉틀을 만질 줄 아는 사람이 형제 중에 없는데, 엄마의 유품을 큰딸인 내가 가지고 있는 게 맞을 것도 같았다.

'드르릉드르릉' 재봉틀 소리는 엄마의 힘찬 삶이었고, 내가 살아가는 삶에 새로운 시작이고, 또 내 삶을 이끌어가는 힘의 원동력이며 생활 계획의 지표였다.

들국화가 만발한 가을이 돌아오면, 가슴 뛰는 운동회 날과 함께 엄마와의 추억이 새삼 그립고 보고 싶어진다.

엄마의 재봉틀

'드르륵드르륵' 경쾌하게 들리는 소리
엄마의 숨소리였다

재봉틀을 이고 두 살 난 나를 업고
피난길을 떠났던 엄마

삼 년이란 세월 삯 바느질로
가족을 살려낸 재봉틀

엄마의 손길이 한 땀 한 땀
세상을 꿰맸다

운동회 때 온 마을의
무용복을 만들어 준 재봉틀 소리는 멈췄지만

엄마가 떠난 그 자리에 남아
힘차게 살아가는 힘이 되어

맏딸인 내가 추억과 삶의 끈을 붙잡고
엄마와 호흡하고 있다

『심상』 2024년 등단작

3

땀의 결실

겨울의 추억과 그리움

나의 어린 시절은 서오릉이 가까운 서울 변두리에서 자랐다.

우리 가족은 부모님과 여덟 자녀가 있었다. 아버지는 교육사업으로 공민학교를 만들어 동네 유지 및 어린이들을 가르쳤다. 낮에는 어린이들, 밤에는 동네 청소년 및 어르신들을 교실 한편에서 열정을 다해 가르치셨다.

교실이 너무 작아 동네 어른들이 흙벽돌을 만들어 교실을 만드느라 일하시던 모습들이 어렴풋이 생각난다. 이 학교는 동네 사람들이 학교 없는 곳에 만든 유일한 배움의 터전이었다. 아버지는 일제 강점기에 서울 시청에서 근무하셨지만, 일본군의 징용이 두렵고 지인들의 간절한 요청과 자신의 뜻을 펼쳐 보려고 서오릉 변두리로 오시게 되었다.

어릴 때 우리 형제들도 아버지가 가르치셨지만, 중·고등학교부터는 20리나 떨어진 학교에 진학했다. 우리가 성장함으로 교육

비와 먹거리가 커다란 걱정이 되었던 어머니는 동네 사람들이 장만해준 땅에서 농사를 짓기 시작했다. 그로 인한 수입은 먹거리와 학비에 보탬이 되었다.

엄마의 농사일로 인해 모든 형제가 같이 농사일을 도왔고, 나는 딸로서는 첫째라서 엄마가 없는 틈에는 가정일을 하게 되었다. 설거지, 청소는 모두 내 차지가 되었다.

설날이 돌아오면 어머니는 일주일 전부터 설 준비를 한다. 먼저 두부를 만드셨다. 나도 부엌에서 두부 자루를 잡던 기억이 난다. 맷돌로 갈아놓은 콩물을 면 자루에 담고 콩물을 빼곤 했다. 그때 콩물은 미끈미끈하여 잘 빠지지 않기 때문에, 큰 알루미늄 대야에 걸쳐놓은 삼발이가 흔들리면서 콩 자루가 콩물에 빠져버린 적도 있었다.

"중심을 잡고 콩물 자루를 잡아야 빠지지 않잖니."

어머니의 질타에 나는 속으로 화가 났다. 힘껏 잡았는데 어쩌라고…. 그다음은 쌀을 가져다가 쌀 튀밥을 만든다. 뻥튀기 아저씨가 설 일주일을 남기고 나타나기 때문이다. 그때는 오빠를 시켜도 되는데 나에게 3방만큼 쌀을 내어준다. 발이 시리어서 동동 뛰며 줄을 서고 있으면, '뻥이요, 뻥!' 하는 소리에 귀를 막곤 하였다. 내 차례는 어찌 그리 안 돌아오는지…. 그래도 먼저 튀긴 아주머니가 쌀 강냉이 한 줌을 손에 쥐어 주면 그걸 먹으며 기다렸다.

쌀 튀밥이 준비되면 어머니는 엿기름물로 엿을 고기 시작한다.

그때는 불만 때면 되었다. 어머니는 부뚜막에 올라가서 가장자리가 누를까 봐 큰 주걱으로 휘젓는 것을 하셨다. 어느 정도 되직하게 되었을 때 조청을 떠내고 불을 더 지폈다. 엄마의 짐작과 노하우로 얇은 판 쟁반에 콩가루를 깔고 엿물을 넣어서 편 후 굳기를 기다리면 갱엿이 된다. 그리고 남은 엿물에는 쌀 강냉이 자루를 쏟아 넣는다.

이때 어머니는 주걱으로 강냉이에 엿물을 골고루 무친다. 그다음 먹기 좋게 만드느라 쟁반에 판판하게 담아 누르기도 한다. 또 어떤 강정은 주먹만 하게 뭉쳐서 둥글게 만든다.

엿을 고았던 가마솥에 간장 항아리의 간장을 붓고 끓이면 맛난 간장이 되는 어머니의 지혜도 보였다.

하지만, 그것으로 명절 준비가 끝난 것이 아니다. 쌀을 방앗간에 가져가서 가래떡을 만든다. 보통 세 말 정도 한다. 가족이 많아서 어머니는 무조건 많이 한다. 어머니의 손이 컸으므로 나만 옆에서 고생한다 투덜댄다. 가래떡이 끝나면 다시 인절미를 한다. 찹쌀을 물에 불려 시루에 쪄서 절구에 쳐댄다. 그때는 오빠들의 손도 빌렸지만, 그 옆에서 콩가루 묻히기 등의 잔심부름은 내가 한다.

일이 끝났나 할 때, 가래떡 썰기가 시작된다. 낮시간이 아까우면, 어머니는 램프 등 밑에서 떡을 써신다. 나의 떡 썰기는 썽둥썽둥 썰었다. 어머니의 떡 썰기 실력은 한석봉 어머니 못지않다.

아버지 어머니가 돌아가신 지 이십여 년이 지났다.

나는 가끔 두 분처럼 인생을 잘 살아왔는지 생각해 본다.

세월이 흐른 뒤에 생각하니 모든 존재는 영원한 것이 없다. 세상을 살아갈 때 온갖 관계를 지니고 여러 형태로 살아가고 있다.

부모 자식이라 할지라도 어떤 인연에 따라 만나서 살다가 그 인연이 다하면 흩어지고 마는 것이 세상 이치다. 삶은 불확실한 인생의 과정이지만 죽음만은 틀림없는 인생의 매듭이다.

모든 순간은 생애 단 한 번의 시간이며, 모든 만남은 생에 단 한 번의 인연이다. 어머니의 딸도 고희(古稀)를 지나 어머니가 떠난 산수(壽傘)를 향해 가고 있고, 삶은 여지 없이 치곡치곡 나를 데리고 고갯마루를 향해 달려가고 있다. 그래서 삶을 아름다운 선율에 실어 인생의 황혼기를 더욱 향기롭게 장식하고 싶다.

내일을 기약할 수 없는 것이 삶이지만, 지난 과거에 연연하지 않고 현재에 주어진 상황 아래서 내가 좋아하거나 하고 싶은 일을 하면서 살고 싶다.

나의 삶도 언젠가는 한 줄기 연기와 한 줌의 재로 이 땅에서 사라져갈 것이다. 이십 년 전 떠난 부모님을 생각하면, 아련한 그리움이 되어 가슴이 잔잔하게 떨리고 있다.

어머니와의 추억은 세월이 흐른 뒤에도 자주 가슴 한편에 남아, 그리움이 눈물겹게 용솟음친다.

주워 온 꽃나무

　영양실조에 걸린 누렇고 비실비실한 꽃 화분을 남편이 주워 왔다. 그 꽃나무에 시든 주홍색 꽃이 매달려 왔다.
　"있는 화분도 줄이려고 하는데, 비실비실한 꽃나무는 왜 주워 와?"
　"꽃을 보니 예뻐서, 당신 생각해서 주워 왔지."
　곁눈질하며 꽃을 보니 꽃대는 휘청거리는데, 시든 꽃 한 송이가 가련하게 달려 있었다. 꽃나무가 불쌍해 내칠 수가 없었다.
　현관 밖에 내놓고 깔개를 깐 다음 거름흙과 조금 큰 화분을 창고에서 꺼내, 분갈이를 해주었다. 휘청거리는 꽃대에 지주를 꽂아서 묶어 세워줬다. 화분이 예뻐서인지 깨끗이 닦아 거실에 놓고 물을 흠뻑 주니 나름 어울렸다.
　분갈이한 지 일주일이 지나자 나뭇잎이 파랗게 변하면서 여러 곳에서 꽃봉오리가 매달리기 시작했다. 나는 꽃나무가 무슨 나무

인지 알아보기 위해 컴퓨터로 검색해 보았다. 검색 결과 하와이 무궁화였다. 2주 후 새 꽃이 피었다. 무궁화 꽃처럼 생겼는데 꽃잎이 5장이고 꽃술은 아래를 향해 수줍은 듯 고개를 숙이고 있었다.

나는 일주일에 한 번씩 물을 흠뻑 주고 있다. 아침에 일어나면 조심스럽게 우듬지를 살피며, 돋보기를 대고 꽃 모양의 순이 몇 개나 올라오는지 세고 있다.

남편은 나의 모습을 보며, "내가 그 꽃나무를 가져오지 않았으면 일어나서 할 일이 없었을 거야." 한다.

"다 죽어가는 나무 하나 주워다 주고 엄청 생색내긴, 누가 들으면 멋진 꽃나무를 사다 준 줄 알겠네."

이 꽃은 하와이 주화이다. 히비스커스라 부른다. 더운 곳에서 자라는 꽃 중 하나며, 분포지역은 열대 지방이다. 히비스커스는 고전 그리스어로 아욱과의 식물을 뜻한다. 꽃말은 '섬세한 아름다움', '남몰래 간직한 사랑'이라고도 한다. 이 꽃은 '신에게 바치는 꽃'이라는 별명을 가지고 있을 정도로 매력적인 붉은빛을 가진 아름다운 꽃이다.

고대 이집트 클레오파트라가 미모를 유지하기 위해 목욕과 차로 활용했던 꽃으로 알려져 있다. 효능으로는 히비스커스 속 하이드록시시트릭산 성분은 탄수화물이 지방으로 전환되는 걸 억제해주고 체지방이 쌓이는 것을 막아준다. 카데킨 성분은 내장지방을 분해하는 역할을 한다. 이 외에도 항산화 성분이 듬뿍 들어 있어 혈관을 넓게 만들어 주는 효능이 있다. 혈압을 안정적으로 낮추어 주어 혈관 건강에도 도움을 준다. 또 디톡스 효과가 있고 비타민C가 함유되어 있어 피부 노화 방지 및 면역력 증강에 큰 도움을 준다.

  오래전부터 이 꽃잎을 우려서 차를 마시거나 향신료, 약재로 사용해 왔으며, 새콤달콤한 과즙 향이 맛을 더해주고, 갈증 해소 역할도 하고 있어 많은 사랑을 받았다.

  그러나 조심할 점은 저혈압에 좋지 않고 신장이 좋지 않은 사람에겐 좋지 않다. 또 찬 성질의 식품이라 설사나 복통이 있을 수도 있다.

  나는 남편이 주워 온 꽃이지만, 정성 들여 키워서 약효를 실험해 보아야겠다. 클레오파트라처럼 아름다운 미모는 아닐지언정 건강한 차는 마셔보고 싶다.

2023. 11. 5.

전원생활

내가 한 일 중 가장 어렵고 힘든 일은 몸으로 농사짓기이다.

남편은 시골에 내려가 농사지으며 사는 게 삶의 로망이라 했다. 일하면서 땀을 흠뻑 흘리고 몸을 씻고 나면 시원하고 상쾌한 기분은 무엇과 비교할 수 없는 기쁨이라 한다.

퇴직 후 우리 부부는 충청남도 공주에 자리를 잡았다. 2008년에 내려갈 때만 해도 60대 초반의 젊은 날이었다. 남편은 산을 개간하여 수목 갱신을 했다. 나무 심기를 좋아하는 남편이 나무 심을 싼 땅을 찾기 위해 산꼭대기에 장만했다. 텃밭은 마을에서 떨어진 산 중턱에 자리를 잡았다. 산 중턱 동막골이란 곳에 집을 짓고 각종 채소를 심었다.

남편은 밤나무를 품종별로 심었다. 나무는 심기만 하면 열매가 열리는 것이 아니다. 거름도 주고, 수목에 전지(剪枝)도 하여 나무의 수형(樹形)을 잡아줘야 한다. 더 어려운 것은 잡풀을 수시로 깎아줘야 한다. 묘목보다 풀이 더 잘 자라 풀 속에 나무가 들어가 있으면 나무가 죽는다.

봄부터 가을까지 산에서 살다시피 한다. 막걸리 한 통과 달걀을 삶고, 도시락도 싸 들고 매일매일 산에서 살다시피 한다. 5년이란 세월이 지나니 나무가 자리 잡아 밤 수확을 하게 되었다. 매년 하는 일에 밤 줍는 일이 더 붙여진다.

밤 줍는 일은 허리 아프고, 밤 가시가 잔뜩인 곳에 털썩 앉아 쉴 수도 없다. 밤 자루를 들고 다니면서 밤을 주워 담아야 하니 팔이 아파 잠을 이루지 못한다. 무거운 밤 자루를 들고 다니다 나중에는 끌고 언덕을 오르내리니 다리도 아프다.

오전 중에는 밤알이 떨어져 빛에 반짝이는 밤을 줍는 일은 추수의 뿌듯함이 있다. 오후로 갈수록 몸이 지치니 밤도 귀찮아진다. 그럴 때면 단감나무 두 그루 있는 곳으로 어슬렁어슬렁 내려가 덜 익은 푸른 감을 따서, 바짓자락에 쓱쓱 문질러 베어 먹어 본다. 아직 달지는 않지만 들큼하다.

나는 남편에게 "농사를 지어도 이렇게 힘든 일을 만들어?" 하며 핀잔을 준다. 남편은 밤 주울 때, 나에게 팔만 원의 하루 일당 품삯을 준다. 처음에는 '그것도 괜찮지' 했는데 점점 갈수록 몸이 따라가지 못했다. 시골에서 일주일 일하면 서울에서 이 주일 병원 다니고 있다.

텃밭의 채소는 고라니들의 먹잇감이었다. 고추, 상추, 무들은 심기 기다렸다는 듯 그날로 다 핥아먹는다. 콩을 심고 돌아서면

산까치가 콩을 다 빼 먹어 하나도 없다. 채소는 고라니가 못 먹는 들깨나 부추만 남겨 놓는다. 집 둘레에 심은 과실나무 앵두, 자두, 꾸지뽕, 초코베리, 체리 열매는 새들의 먹잇감이다. 물까치 가족들이 무리를 지어 다니며 한바탕 훑고 지나가면 열매가 하나도 없다.

고라니와 산새들에게 원망도 할 수 없다. 원래 이 땅은 그들의 땅이었는데 오히려 우리가 그들의 터전에 밀고 들어 왔으니….

나는 아이들이 시골에 내려오면 유기농 무농약 채소를 먹이기 위해서 텃밭에 거금을 들여 펜스를 쳤다. 남늘은 그 논이면 '몇 십 년 사 먹어도 되겠다'고 농담 반 진담을 했지만, 내가 가꾼 채소를 아이들에게 먹인다는 생각으로 마음이 편했다.

텃밭과 꽃밭의 풀은 뽑아도 뽑아도 계속 나고 환삼덩굴은 모든 식물을 휘감아 다 죽인다.

산 일을 도와주면 일당의 품삯을 받지만, 돈도 포기하고 나는 할 수 없이 텃밭도 포기하고 꽃만 가꾸기로 했다. 꽃밭 가꾸기도 풀과의 전쟁을 벌여야만 한다. 내가 좋아하는 여러 겹의 색색의 겹 백일홍 씨앗을 양재천 다니며 받아놓은 것을 파종하여 묘포장에 키웠다. 봄 나무꽃이 질쯤, 모종을 심으면 여름내 알록달록 환하고 예쁘게 핀다. 백일홍은 꽃밭을 아름답게 꾸며 준다.

한 20여 평이 되는 꽃밭은 일 년에 4~5번 정도 풀을 매어줘야 꽃이 풀 속에 갇히지 않는다. 비가 조금만 와도 풀이 꽃을 덮고 만다.

풀을 뽑을 때는 아침 해가 뜨기 전에 뽑아야 덥지 않게 작업을 할 수 있다. 금년에는 아침부터 너무 더워서 꽃밭에 들어가기가 무섭다. 비가 많이 와서 백일홍꽃보다 풀이 더 자랐다. 아침이라 모기와 벌레들이 사정없이 덤벼든다. 나는 풀만 째려보다 꽃밭 아닌, 풀밭에 들어가지 못했다.

남편에게 꽃밭만 내가 챙기고 산과 텃밭은 내 영역이 아니라 소리쳤지만, 이 꽃밭도 포기한다고 말했다. 집 앞 꽃밭 말고 뒤곁, 옆 곁, 집에 올라오는 길목, 네 곳의 꽃밭이 있지만, 해마다 하나씩 줄여 지금은 두 군데에만 꽃을 심었다. 내년에는 앞 꽃밭만 놓아두고 모두 없애려고 한다.

꽃을 사랑한다는 것도 커다란 노력 없으면 꽃도 볼 수 없음을 알았다.

남편과 나는 나이가 들어 몸이 따라 주지 못해 밤 산도 남에게 맡기고 텃밭만 남겼는데, 텃밭도 정리해야 되지 않을까? 고심한다. 남편이 좋아하던 나무도, 내가 좋아하던 꽃밭도 힘이 달려 관리하지 못하니, 세월을 당할 아무것도 없다. 전원생활도 힘이 없으면 무용지물(無用之物)이다.

삶을 바꿔 놓은 양재 숲속 문화원

나는 이곳에 이사 온 지 10여 년이 되어간다. 숲과 함께하는 삶은 축복과 행운이다.

어릴 때 시골에서 뛰어놀며 냇가의 물고기가 헤엄치며, 노니는 것을 꿈에서나 볼 수 있었다.

그런데 꿈이 아닌 이곳은, 봄이면 둑에 쑥이 자라며, 새봄이 오면, 축하하듯 제비꽃, 이름 모를 여러 꽃이 피고, 연둣빛 버들강아지가 싱그럽게 눈앞에 다가온다. 양재 둑을 산책하노라면, 어릴 때 동화 속의 내 모습을 보는 듯한 착각을 일으킨다. 여름이면 잉어가 떼를 지어 헤엄쳐 유유히 지나가고, 물오리와 원앙새도 짝을 맞추어 뒤따라간다. 둑에는 하얀 물망초가 바람결에 손짓한다. 가을이면 개울가 갈대와 억새풀이 구름처럼 휘날리며 양재천은 장관을 이룬다. 겨울이 되면 눈 덮인 길을 인생의 발자국을 찍으며 한 발 한 발 걷는다. 냇가의 얼음장 밑으로 흐르는 물소리는 베토벤의 교향곡보다 더 힘차고 아름답게 들린다.

나는 양재천, 이 길을 산책하며, 좋은 꿈을 꾸듯 마음과 몸이 건강하고 행복해진다.

양재역의 말죽거리는 역사적인 유래가 많다. 옛 지도에서 마죽거리(馬竹트里)라고 표기되기도 하였다. 고려 때 양재(良才)라고 했다. 조선시대 역이 생기면서 중앙과 지방의 공문 전달, 관물, 세공의 숙식 제공 등을 담당하였고, 역말 등으로 지리적, 역사적인 곳이었다.

제주도 등 여러 지역에서 온 말을 관리하기도 하고 또 다른 곳으로 보내기도 하였다.

서초구의 양재동(良才洞)은 어질고 재주 있는 사람이 많이 사는 곳이라 이름이 양재동이란다.

역사적인 유래가 많은 서초구는 다른 구에 비해 공원이 많아 시민들이 쾌적한 삶을 살 수 있으며, 사회적인 인프라가 좋아서 한 번 살았던 사람들은 이곳을 떠나기 싫어한다. 모두 자랑스러운 고장이라 말하곤 한다.

고개를 돌리면 우면산의 산책로가 얼기설기 만들어져있고, 공원 곳곳에 운동기구가 많다.

나도 37년을 강남에 살다 이곳에 이사 온 후로 이곳을 떠나고 싶지 않다.

나뿐 아니라 강남에 사는 손주들도 할머니네 동네로 이사 가자고 조른다. 이곳이 좋은 건 아이들도 아는 것 같다. 서울에 이런 자연을 만끽할 수 있는 곳에 보금자리를 편 것은 내 삶의 축복이다.

이곳 문화원은 수십 가지의 교육 프로그램이 있어 문화 종합 대학이라 부르기도 한다. 더 나에게 감사한 일은 서리풀 문화원에 다니면서 좋은 선생님을 만나게 해주신 것이다.

문화원에서는 훌륭한 강사를 초빙하기 위해서 여러모로 애쓰고 있다. 내가 문학인으로 등단하게 된 것도, 서초에 이사 온 것이 내 인생의 전환점이 되었다.

인생의 2막을 만들어 준 곳이 서초 문화원이다. 수필가도 되고, 시인으로 등단도 했다. 가끔 문화원에서 음악회 영화도 하며, 오페라 '나비 부인' '라보엠' 등도 서초 주민들에게 공연하여 문화적인 호사를 하게 된다. 수고하시는 여러분께 감사드리고 싶다. 더 열심히 공부하여 좋은 글을 쓰도록 노력하고자 다짐해 본다.

『서초 골목 이야기』 2024.

yk를 보내고 오는 날

"언니, 의사 선생님이 얼굴 볼 사람에게 연락해서 마지막으로 보게 하래요."

전화기에서 흐르는 소리에 다리는 후들거리고 멍한 상태로 앉아 있었다. '그래 가 봐야지', 정신을 가다듬고 나섰는데, 주차장에 가서 보니 자동차 키를 놓고 나갔다. 다시 집으로 들어왔다. 내가 무엇을 가지러 왔지. 머리가 하얗게 변해서 허둥지둥하고 있었다. 이렇게 나가다가 차 사고를 낼 것 같아 다시 소파에 주저앉았다. 일단 마음을 다시 가다듬고 시계를 보니, 시각은 오후 10시를 가리켰다.

병원에 주차장이 여러 곳이라 내비에 'S 병원 암센터 주차장'을 찍고 나섰다. 주차장은 달팽이 놀이하듯 꼬불꼬불하게 지하 5층까지 내려갔다. 마음속으로 '침착하자' 주문을 외우며 운전했다.

S병원 관찰실에 들어가니 yk는 혼수상태로 누워 있었다. 가까

이 다가가 "yk야, 이모 왔어, 눈 좀 떠 봐" 하니, 실눈을 뜨고 쳐다보았다. 나를 향해 눈물을 흘리면서 동공이 움직였다. 후배의 얘기론 '이틀째 혼수상태'라 했다. '언니 와서 좋아지고 있다.'고 기뻐했다.

후배 아들인 한의사가 와서 여러 종류의 환자감시 장치기를 보더니 열도 떨어지고 호흡도 뭐도 정상으로 가고 있다고 좋아했다. 나도 기뻤다. 아들은 'yk야 빨리 일어나 오빠가 생일 선물 멋진 거 사 줄게' 하며, 기쁜 마음으로 돌아갔다.

후배를 알게 된 것은 30여 년 전, 내가 연구부장으로 근무할 때 그 후배가 후임으로 내가 있는 학교로 전근을 왔다. 무엇이든 열심히 하였고, 나를 잘 따라 주었다. 교육 현장에서 어떤 일이든 훌륭히 처리하는 능력과 인성이 좋았다. 그 뒤로 후배와 나는 아주 끈끈하게 서로 돕는 삶이 되었다. 그 후배는 외딸이었다. 학교를 빠져나오면 언니와 동생이 되었다. 후배의 딸도 나를 이모라 불렀다.

그때 yk는 I대 신문방송학과에 다니면서 학보사 기자로 신문 편찬을 잘하는 재능이 있었다. 졸업 후 기자보다는 외갓집의 법조계가 마음이 들었던지 Y대 로스쿨에 진학했는데 가자마자 뇌종양이 발견되었다. 그때부터 S병원에서도 암 치료를 위해 열심히 도왔다. 그 어려운 투병 생활을 하면서 전공을 바꾸어 I대학원 서양 미술학과에서 우수한 성적으로 석사과정을 끝냈다. 작년까지도 자신이 좋아하는 박사가 미국에서 온다며 박사 학위 과정을 밟겠다고 하였다. 머리에 수시로 항암 주사를 맞기 위해 주사관을 꽂아 놓고 15년 이상을 살았다.

　문학에 대한 열정도 강하여 신춘문예에 원고를 제출하는 등 많은 글을 남기기도 했다. 투병을 하면서 여러 곳에 글을 응모하여 상금과 상장을 받았다. 나한테는 받은 상금으로 초콜릿을 사서 예쁘게 포장하여 선물로 주며 '책을 보면서 잡수시라.'고 했다.

　몇 주 전까지도 2024년 신춘문예 응모를 위해 누워서 글을 쓰고 있었다. 나를 만나면 글 쓰는 이야기를 하면서 토론도 했고, 읽은 글을 서평하며 즐거운 대화를 나누었다.

　지난해는 부산까지 가서 전시회도 보는 등 그림에도 많은 안목과 지식이 있었다. 학구열이 강하여 지식도 많았다. 총명하여 배울 점이 많았고, 아까운 인재였다. 부산 해운대 바닷가에서 많은 이야기를 나누는 등, 나를 잘 따랐다.

　주검 앞에 먹먹한 슬픔은 가시지 않았다.

　짧은 삶을 불꽃처럼 열렬하게 살다 간 yk의 재능이 아깝지만, 하늘나라에서 하고 싶은 일을 다 이루고 살 것이라 믿고 싶다.

　"yk! 하얀 뭉게구름이 여러 개의 방석을 만들어 주고 있구나. 너는 나비가 되어 그 방석에 앉아 두둥실 핏빛 같은 빨간 단풍 위로 훨훨 올라가서, 천국으로 갔다는 것을 잊지 않을게."

　서로의 삶은 영원하지 않으니, 먼 훗날 다시 만날 것을 기약하고 싶다. 지금 이 순간에도 저 하늘 어느 별이 되어 반짝이고 있으리라 생각한다.

모두 떠나리

겨울 갈대는
서슬을 비우며 홀로 여문다

퍼렇던 서슬은 모두 스러졌다.
한때 소중했던 흔적을
지우면서 떠난다

모두 떠난 빈 들판
한 자락에
바람 따라 술렁인다

잠자리 나비도 떠나고
그들이 놀고 간 자리
머리와 허리도 하얗게 흔들린다

뒤돌아보지 않고
모두 떠난 자리
찬바람과 햇빛이 서성대고 있다

시간의 궤적은
무게를 들고 가지만
비우고 버리면 가볍게 간다

내어주고 흔들리는 것이 어찌 갈대뿐이던가

땀의 결실

매미 소리에 맞춰 새벽이 열린다.

여름이 가는 게 아쉬운지 목청껏 울어대기 시작한다.

지구의 변화인지 불볕더위인 잉걸불에 식물·동물 모두 헐떡거리며 하루를 버티고 있다. 입추 지나더니 찬 바람이 솔솔 불어와서, 밤에는 걷어찼던 이불자락을 끌어와 덮게 된다.

프랑스 올림픽에서 선수들의 땀은 고뇌의 땀방울이다. 메달을 목표로 흘린 땀방울은 돈으로 살 수 없는 고귀한 땀방울이다. 땀을 많이 흘리고 노력한 선수만이 메달을 목에 걸 수 있었던 땀의 결실이다.

이 더위에 택배를 나르는 사람의 얼굴에도 구슬땀이 줄줄 흐르고 있다. 타인의 선물을 위해서 택배 아저씨들의 고생으로 편하게 집에서 물건을 받을 수가 있다.

시골에서 농사짓는 사람들의 구슬땀도 가을의 먹거리를 여물

게 한다. 그들은 농산물을 더위에 지치지 않게 하려고 차디찬 지하수를 뿌려 주기도 한다.

긴 장마가 지나고 나면 온갖 잡초가 모두 일어나서 농부를 괴롭히고, 며칠만 지나게 되면 잡초가 허리를 휘감게 된다. 특히 덩굴이 심한 칡덩굴과 환삼덩굴은 식물을 휘감고 나무까지 기어 올라가 다른 식물을 죽이기까지 한다. 농부들은 더위와의 싸움보다, 잡초와의 싸움이 더 치열해서 힘들다고 한다. 농사지을 사람이 부족한 농촌에서는 농부들이 더위와 잡초와 싸우다 밭고랑에 쓰러져 사망하는 단계까지 이르렀다.

농촌의 부모들은 자식을 사랑하는 마음에서 자녀들이 힘들게 농사짓는 직업을 갖지 않기를 바란다. 젊은이들은 부모의 농사짓기를 외면하고 실업자가 되더라도 땀을 흘리며 살기를 원하지 않는다. 취업난이 심각해도 우리 젊은이들은 3D업종을 기피하고 있어 그 자리를 외국의 노동자가 채우고 있다. 그 이유는 땀 흘리며 고생하는 직업을 원하지 않기 때문이다.

어떤 특이한 사람은 목가적인 환경이 그리워 귀농하는 사람도 있지만, 그런 사람도 10여 년이 지나니, 경제성도 없고 힘만 든다며 슬슬 꽁지를 빼고 있다. 농촌의 인구가 점점 줄어들어 2050년에는 85%만 남고, 어느 지역은 인구가 더 줄어 마을이 없어진다는 우려가 있는 곳도 있다.(2022년 통계청 자료)

요새 젊은이들은 땀 흘리며 일하는 것을 싫어한다. 우리의 경제를 살리게 한 것도 옛 선배들의 사우디 열사의 나라에서 땀 흘려 번 돈으로 우리의 경제를 이만큼 끌어올리지 않았던가? 어떤 일이든 땀을 흘리지 않으면 우리의 목표에 희망이 없다. 내가 이루고 싶은 소망도 이룰 수 없다. 개미와 매미의 우화처럼 굶어 죽지 않기 위해서 땀 흘려 일해야 결실이 있다.

 기후 변화에 따라 점점 힘들어지지만, 어떤 일이든 땀을 흘리며 정성을 다해야 자신의 목표를 달성한다.

 사과 농장을 하는 사람의 이야기를 들어보면, '사과 한 알을 수확하기 위해서 8번의 손이 가야 한다'고 한다. 아마 사과 크기만큼의 땀을 흘렸을 것이다. 얼마니 고니기 깊은 땀을 많이 흘리느냐에 따라 많은 수확을 얻을 수 있으니, 땀의 대가는 좋은 결과로 온다고 믿는 사람이 많다. 땀을 흘린 크기에 따라 기쁨의 크기가 비례하는 걸 알게 되었다.

 나도 장마 끝 무렵 시골집에 내려갔다. 달포 전에 백일홍꽃 모종을 꽃밭에 심었는데, 백일홍꽃은 보이지 않고 잡초만 무성했다. 꽃밭 귀퉁이에 서서 꽃밭을 살피니 백일홍꽃은 죽지 않고 잡초더미에 감춰진 채, 나를 보고 '잡초 때문에 숨을 쉴 수 없다'고 호소한다. 나는 호미를 들고 잡초를 캐내기 시작했다, 날이 더워 땀은 비 오듯이 흐르고 허리는 아파서 20여 평도 안 되는 꽃밭을 5시간 동안이나 캐냈다. 그제야 백일홍이 모습을 나타내며 허리를 휘청이며 나에게 고맙다 인사했다.

 아름다운 꽃을 보기 위해서도 '많은 땀을 흘려야 볼 수 있다.'는 기쁨도 '땀의 대가'라 할 수 있다.

『현대수필』 2024. 겨울호

온 세상이 보석된 눈 폭풍

11월 말 어느 날, 아침에 일어나 보니 온 천지가 하얗게 변해 있었다.

117년 만에 온 폭설이라고 속보로 TV에서 자막을 내보내고 있었다. 내게 아들, 딸들은 전화하여 외출을 하지 말라 성화다. '넘어져 다치면 고생한다'고 엄포도 놓는다.

아파트 창문을 열고, 앞에서 뒤에서 사진을 찍어 아이들에게 보냈다.

이제 가을 단풍이 예쁘게 소슬바람에 살랑살랑 춤을 추며 휘 날리기 시작했고, 가을의 예쁜 단풍을 구경하러 먼 곳에 관광 차를 타고 달려가기도 한다. 단풍이 잔치를 벌이며 바람과 함께 춤을 추며 굿판을 벌일 때 구름도, 갈대도, 너울너울 추임새를 넣어 준다. 파란 하늘의 양떼구름도 풍성하게 하늘에서 춤을 추는데 그런 춤판도 벌이기 전, 눈에 덮여 버렸다. 눈 덮인 나무는 모두 크리스마스트리처럼 변해 버렸다.

　우리 아파트 전체가 전기가 나갔다. 폭설로 전선이 끊어졌다는 방송이 흘러나왔다. 전기가 없으니 너무 답답했다. 컴퓨터도 유튜브도 멈췄다. 주방의 인덕션도, 전자레인지도, 냉장고도, 난방도 안 돼 아무것도 할 수 없었다. 식은 빵만 뜯어 먹는 아침이 되는구나, 생각했다. 사람이 공기의 귀중함을 모르듯이 전기의 소중함을 잊고 살았다. 외출할 생각을 하니 엘리베이터도 멈춘 것을 알았다. 약속을 못 지킨다 해도 걸어 내려갈 재간이 없다. 소파에 우두커니 걸터앉아 있으려니 전기가 환하게 들어왔다. 기쁘다 못해 '살았다' 하고 벌떡 일어났다.

　약속 시간을 지킬 수 있다. 나에겐 눈에 대한 트라우마가 있지만, 눈을 뚫고라도 가야 했다.

　중학교 다닐 때 신작로 시골길을 왕복 30리, 꼬박 3시간을 걸어 다녔다. 돌아서 가는 길은 산길이었다. 동네 오빠와 내 친구 3명이 산길로 가면 30분 단축된다. 이 길은 서낭당이 있는 언덕이 있는 길이었다. 하굣길에 눈이 쏟아지기 시작했다. 3명이 서낭당 고개를 넘기 위해 걸어 올랐다. 거의 다 오르다 밑으로 죽 미끄러지고, 또 오르다 보면 구르고, 미끄러졌다. 세 번을 오르다 미끄러지고 구르기를 반복하면서 가방끈은 부러져 내동댕이쳐졌고 운동화는 젖어 발이 시렸다. 교복 치마는 젖고 얼어서 뻣뻣하였다. 이 언덕을 친구들이 잡아끌어 올랐지만, 나는 얼어 버리고 지쳤다. 울면서 집에 들어와 앓기 시작했다. 그 뒤로 눈만 보면 무섭고 싫어졌다.

　나는 등산화를 신고 살금살금 걸어서 약속 시간에 맞춰 나갔다. 하루 종일 눈은 계속 내리고 있었다. 눈 속을 푹푹 빠지면서 걸어 나갔다.

　버스 정류장의 버스도 천천히 조심해서 오고 있었다. 버스 기사는 와이퍼를 계속 움직이면서 버스를 운전했다. 나는 눈이 오면 절대로 운전대를 잡지 않는다. 눈 속에서 운전하다 차가 돌아가는 것을 봤기 때문이다. 눈에 미끄러워지는 것은 운전 실력과는 '아무 상관도 없다'는 것을 알고 있다.

　문인 선배, 친구들과 식사와 차를 마시며 많은 이야기를 나누고 집으로 돌아왔다.

　아파트 단지에 들어서니, 빛을 받은 눈 덮인 붉은 단풍나무는 거대한 빨강 루비 보석 같았다. 노란 단풍 눈 덮인 나무는 커다란 노란 호박 보석, 파란 소나무의 눈 덮인 모습은 파란 옥처럼 빛나고 있었다. 생각지도 못한 폭설이 커다란 보석을 만들어 빛에 반짝이는 모습은 천국과 같은 세상이었다.

　빨강, 노랑, 파랑, 보석 만든 세상이 천국같이 변하니, 발걸음마다 뽀드득뽀드득 장단 맞춰 사뿐사뿐 걸어지고, 내 마음도 보석처럼 빛났다.

보석 잔치

내 생애 처음
희귀 보석 보았다

산야 소슬바람에 박자 맞춰 단풍 춤
한바탕 놀아보려 굿판 벌이려는데

117년 만의 11월 눈이 내려
빨강 눈 노랑 눈 파랑 눈 보석 됐다

루비 호박 비취 눈보라 보석 잔치
잔칫집 가는 걸음 뽀드득뽀드득

장단 맞춰 사뿐사뿐 추임새 넣으니
반짝반짝 내 몸도 보석 되었다

추억의 짜장면

짜장면을 한 그릇 사 먹었다.

내가 짜장면을 처음 먹어 본 것은 초등학생 때이다. 서대문 영천에 사는 작은 외할머니댁에 엄마와 함께 방문한 일이 있었다. 그때 작은 외할머니가 짜장면을 사 주셨다. 검은색의 국수였는데 그게 '짜장면'이란다. 그때 처음 먹어 본 검은 국수가 너무 맛있었다. 그때의 짜장면 맛은 잊을 수 없었다.

나는 아이들을 키우면서 입학식이나, 졸업식, 생일날, 또 이삿날, 이삿짐 나르는 아저씨들에게도 귀한 짜장면을 사주었다.

우리 손주들도 입가에 검은 짜장을 묻히면서 서로 쳐다보고 웃으며 짜장면을 행복하게 잘 먹는다. 그래서 가끔 온 가족이 외식으로 짜장면을 배달시켜 먹는다.

짜장면은 중국집에서 파는 음식인데 중국에서는 팔지 않고 이런 음식이 없단다.

중국에는 없는 짜장면은 이 땅에서 새롭게 태어나 100여 년 동안 우리 입맛으로 자리 잡은 대표적인 음식이다.

짜장면은 1880년대 인천개항과 함께 중국 산둥 지방 노동자들이 한국에 건너와 야식으로 즐겨 먹던 '짜으 자응 미앤' 음식을 화교민들이 채소, 고기, 양파 등을 넣고 우리 입맛에 맞게 만든 데서 유래했다. 이 짜장은 1905년 인천 차이나타운의 '공화춘'이란 음식점에서 처음 등장했다.

원래 '짜으 자응 미앤'은 면 위에 숙주나물, 채 친 오이 등의 채소를 얹어 춘장(밀가루와 콩을 넣고 발효시킨 중국 된장)을 넣어 비벼 먹는데 기름기가 많고 짜며 향신료 맛이 강하다.

반면 한국 짜장면은 화교들이 한국인 입맛에 맞게, 장에 물을 타서 독특한 향을 줄이고 캐러멜과 양파를 듬뿍 넣어 단맛을 냈다.

마침 우리나라는 쌀이 모자라 '분식과 혼식'을 장려하면서 짜장면의 요리가 더욱 발전하게 되었다. 이 음식을 접했던 나는 신기한 맛과 싼 가격에 놀랐고, 부두 근로자들을 상대로 자리와 상관없이 작업장에 걸터앉아서도 손쉽게 먹을 수 있는 음식으로 자리매김하였다.

중국에는 주방 문화가 없단다. 집 안에 주방이 없는 집이 60%나 된단다. 아침에 여는 식당에서, 아침을 사 먹는다고 한다. 이런 짜장면이 있다면 좋은 양식으로 먹을 수 있을 것이다.

중국에도 없는 짜장면은 '짜으 자응 미앤'이란 중국 음식을, 인천을 시작으로 우리의 입맛에 맞추어 재탄생시켜 짜장면이 되었다.

 우리의 한식은 종류가 많고 복잡하여, 조리하는 시간이 많이 든다. 또 들고 다니면서 먹을 수 없는 단점이 있다. 짜장면은 장소와 관계없이 아무 곳이나 이동하여 바닥에 털썩 앉아서도 먹을 수 있다.

 짜장면을 재탄생시키듯이, 우리의 한식도 간편하고 간단하게 재탄생시킨다면 우리의 주방 문화도 없어질까?

 밥을 하기 싫은 사람들은 좋겠지만, 우리나라 사람들에게는 한식 문화는 삶이다. 아침을 든든히 먹어야 건강을 해치지 않고 하루를 열심히 살 것이다. 우리 손에 재탄생한 짜장면은 가끔 외식으로는 좋은 음식이지만, 우리의 한식은 우리의 삶을 건강하게 지켜 줄 것이다.

다시 찾은 보길도

대학 4학년 여름, 우리 학부에서는 전남 완도군의 섬 보길도에 문학기행을 갔다.

그곳에는 윤선도의 원림(명승 33호) 유적 세연정은 조선시대의 문신, 시인 학자 윤선도가 여생을 보낸 곳이다. 세연이란 주변 경관이 매우 깨끗하고 단정하여 기분이 상쾌해진다는 뜻으로 고산 선생의 고결한 품성을 엿볼 수 있는 곳이다.

딸들과 옛 추억을 더듬으며 고속열차를 타고 전남 송정에서 내리니 빨간 관광버스가 기다리고 있었다.

50여 년이 넘은 후 다시 가는 보길도였지만 학창 시절로 다시 돌아간 듯 마음이 설레며 들떴다. 관광버스로 땅끝항에서 유람선을 타고 산양항에서 노화도와 장사도를 거쳐 보길도로 들어갔다.

보길도에 들어가는 길 양쪽 변에는 황칠나무(천연기념물 제479호)가 늘어 서 있고, 꽃이 진 동백나무가 세월을 자랑하며 우뚝 서 있다. 그 옆을 돌아서니 통리 솔밭 해수욕장이 다가왔다. 검은 둥근 갯돌이 해변을 메우고 해를 받아 반짝반짝 빛났다.

윤선도 문학관에는 그의 업적이 전시되어 있었다. 생애를 보면 유년기 때는 임진왜란, 장년기에는 정묘호란과 병자호란을 겪었다. 그는 세 번에 걸쳐 유배를 떠났다. 사림파였던 윤선도는 30세에 뒤늦게 관직에 올랐지만, 훈구파와 주위의 견제와 시기로 끝없는 견제를 받았다.

1636년 병자호란(인조 14년) 당시 윤선도가 제주도로 유배 가는 중 바람이 너무 불어 보길도로 피신 왔다.

1665년 79세 때 유배령을 받고 전라남도 광양군 추동마을로 유배되어 와서 2년 4개월 동안 귀향살이를 하였다. 그때 문집 『고산유고』를 이곳에서 지었다고 전해진다.

불후의 명작인 「오우가(五友歌)」(산중신곡 가운데 물, 돌, 소나무, 대나무, 달을 읊은 시조)와 「어부사시사(漁夫四時詞)」(사계절 어촌의 풍경과 어부의 생활을 읊은 시. 조선시대 시가 문학의 백미로 꼽힌다) 등을 남겼다. 윤선도의 시조는 우리 문학계의 획을 긋기 시작했다.

현재 쓰이는 섬 내의 지명도 거의 그가 붙인 것이다. 윤선도의 고전 시가의 대표적인 인물로 조선시대 공조 좌랑, 한성부서윤, 사헌부 지평 등을 역임한 문신, 문인이다. 이황(퇴계)과 이이(율곡)의 학문적 전통을 이어받아, 자연 속에서 인간의 도리를 탐구하며 학문적 성취를 이룩했다.

완도, 예송리 상록수림이 장관을 이룬다. 보길도 윤선도의 원림에는 자연환경에 심취되어 부용동에 연못을 파고 세연정(洗然亭), 판석보, 곡수당, 낙서재, 동천석실(연지, 석담, 석천)을 세워 선유를 즐겼다.

세연정의 경치는 조선시대에 세워진 정원 중 으뜸으로 꼽힌다. 섬에는 고산의 흔적이 곳곳에 남아 있다. 연회를 즐겼던 세연정과 세연지, 시문을 창작하고 강론한 낙선재, 사색의 터전이었던 동천석실 등이 현존하고 있다. 자연의 아름다움을 주로 학문의 사상적 배경을 삼았다.

윤선도는 일찍부터 간척과 해양 활동을 통해 많은 토지를 확충하고 농경지를 확장했다. 해남 윤씨 가문에 성장한 덕분에 수리와 토목에 분야에 뛰어나 생산과 경제 활동의 장이면서 가문의 영역 확보 수단을 통해 소금 생산과 민물을 가둬놓기 위해 저수 장치를 활용하기도 했다. 의약과 음양, 천문, 지리 등 다양한 식견이 높은 데다 풍수지리에도 능통한 재능이 있었다.

윤선도가 자연의 아름다움을 잘 보이는 곳에서 사색하고 은둔과 감상의 공간, 욕심 없는 청빈한 공간에서 시를 지었던 곳이다. 동쪽 선백도 마을 앞 바닷가 암벽에는 우암 송시열비(宋時烈碑)가 새겨져 있으며, 1962년 천연기념물로 지정되었다. 이곳은 선조~숙정조의 대 유학자 우암이 왕세자 책봉 문제로 관직에서 삭탈 되고 제주도 유배 가던 중 폭풍을 만나 잠시 머물게 되었다고 한다. 이때 암벽에 임금에 대한 서운함과 그리움을 한탄한

한시를 새겨 놓았다.

　이후 우암의 호학인 임관주라는 사람이 1707년 같은 바닷길로 유배를 가다 이곳에 들러 '동국의'라는 오언절구를 남겨 오늘에 전하고 있다.

　윤선도는 낙향과 귀향살이를 반복하면서 원림에서 세연정을 지어 놓고 시를 읊으며 조용히 지내고 싶은 심정이 어찌 없으랴? 충분히 이해할 수 있다. 권불십년(權不十年), 아무리 높은 권세도 오래가지 못함이니라.

애처로운 은행 줍기

11월 초순이 오면 은행을 줍기 시작한다.

별안간 날씨가 추워지자 노란 잎의 은행잎이 추워서 오그라들고 있다.

황금색의 노란 부채와 같은 모양이 하늘에 매달리고, 황금색 구슬이 사뿐히 내려앉을 때 은행을 줍기 시작한다.

금년은 10월 초순에 서리가 내려서 할 수 없이 은행을 줍기로 마음먹고 시골로 내려갔다.

마당 끝 수돗가 그늘막 은행나무가 서리를 맞아 잎은 검푸르고 열매는 푸르뎅뎅했다. 열매가 너무 많이 열려 가지가 축 늘어져 땅에 닿았다.

자식이 많으면 부모가 고생한다고 하듯이 많은 열매를 매달고 자기 몸을 지탱하지 못해 가지를 땅바닥에 내려놓은 모습이 불쌍하기까지 하다.

수돗가에서 일하려면, 늘어진 가지를 들어 올리며 수돗가를 불편하게 다녔다.

제일 먼저 수돗가 은행을 따기로 했다. 다른 해보다 20일을 먼저 수확하려니 잎도 검푸르고, 열매도 검푸르다. 남편은 나무를 흔들었다. 다 익은 열매는 후드득후드득 수확 망 위로 떨어지는데 좀처럼 떨어지지 않는다. 하는 수 없이 긴 장대로 가지를 치기 시작한다. 남편은 장대를 사용한 일이 한 번도 없었다.

"장대에 맞으면 눈이 떨어져 다음 해에 그 눈에서 열매를 맺지 못한다."

"눈이 떨어지면 내년에 은행이 얼마 안 열릴 텐데, 웬일로 장대로 은행을 털어."

"아냐, 내가 잘못 생각했어, 눈이 좀 떨어져야 내년에 열매가 덜 열리면서 은행알이 굵어지지."

"미리 은행 열매를 솎아주는 거네."

병충해도 없이 거름만 잘 주면 씩씩하게 잘 자라는 고마운 나무다.

남편은 가지에 대고 장대를 힘껏 쳐대고 있고, 나는 밑에 늘어진 가지를 붙잡고, 손으로 따서 수확 망 위로 연신 던졌다. 몇 자루를 따내니 축 늘어져 땅에 닿았던 가지가 위로 올라갔다.

그 많은 열매를 달고 허리를 구부리고, 고개도 들어 보지 못하고 자식(은행)을 돌보느라 여름 내내 허리가 얼마나 아팠을까. 꼭 내 모습을 보는 것 같아 나무가 애처로웠다. 덜 익을 열매를 따내는 것이 처음에는 수확의 기쁜 마음은 아니었다. 그러나 허리를 펴고 서 있는 나무의 모습을 보니, 추위가 빨리 와서 미리 은행을 따게 된 것이 다행이라 생각했다.

"장대로 매를 맞아도 잘 떨어지지 않네."

"다 키우지 못한 자식을 강제로 떼어 놓는데, 어느 부모와 자식이 서로 떨어지려고 하겠어요."

나는 은행 수확을 하면서도 마음이 우울했다.

2021. 11. 9.

예산(禮山) 수덕사 대웅전(修德寺 大雄殿)

충청남도 예산군 덕산면은 어머니의 고향이다. 나는 어머니 생전에 수덕사 이야기를 많이 들어서 그 절에 가게 되었다. 그때 수덕사에 있는 고려 후기의 불교 건물 국보(제49호)를 보게 되었다.

그 건물은 앞면 3칸, 옆면 4칸의 단층 건물로, 지붕은 겹처마의 맞배지붕을 얹었다. 기둥 위에만 공포(栱包)*를 올린 전형적인 주심포(柱心包)*계 건물로, 11줄의 도리를 걸친 11량(梁)의 가구(架構)*를 갖추고 있었다.

건물은 곱게 다듬은 긴 댓돌을 여러 겹으로 포개어 쌓은 높은 기단(基壇) 위에 자리하고 있는데, 기단의 좌우에는 건물로 올라갈 수 있도록 계단이 있었다. 네모나게 다듬은 주춧돌 윗면에는 기둥을 받치는 둥근 기둥 자리가 낮게 마련되어 있었다. 기둥은 둥근 기둥으로, 가운데 부분이 볼록한 배흘림의 정도가 뚜렷했지만, 건물 옆면의 가운데 기둥은 단면이 네모났다. 기둥 윗몸에는 창방이 둘러져 있었고, 네 모서리 기둥과 창방이 맞물려 있는 위치에는 앞면과 뒷면 쪽으로만 첨차(檐遮)*를 끼워 놓고 있었다. 첨차는 기둥머리 위에 짜인 쇠서(牛舌)* 모양의 제공(諸工)*을 받치고 있었는데, 제공의 끝부분 위에는 짧은 장여(長欐)*를 놓아 외목(外目)* 도리를 받도록 하였다. 기둥머리 위의 첨차는 뜬 장여와 주심(柱心)* 도리를 차례대로 받쳤는데, 뜬 장여는 앞면 창방 위의 포벽(包壁)*을 가로지르고 있었다.

한편 옆면의 가구는 건물을 설계할 때 특별한 노력을 기울여 결구(結構)*한 모습을 보였다. 그리고 창방 위의 유연한 맞배지붕 처마선 아래에 보이는 박공(牔栱)* 부분의 구성은 참으로 일품이었다. 협간(夾間)* 중에 앞면 쪽에는 외짝의 빗살문을 달아서 안으로 출입할 수 있게 하였다. 창방 위쪽의 기둥머리에도 덩굴무늬인 당초문(唐草紋)*이 이어진 파련(波蓮) 모양의 받침을 놓아서 단면이 항아리 모양인 충량(衝樑)*을 받쳤으며, 그 위에는 다시 파련대공(波蓮臺工)*을 얹어 고주(高柱)* 윗몸에서부터 나온 가로부재를 받쳐 놓고 있었다.

또한 그 위에는 지붕의 무게를 전달하는 동자기둥을 받치는 보인 우미량(牛尾樑)*이 놓여 있었는데, 지붕의 무게가 마룻보 밑의 우미량에서 대들보 위에 얹힌 우미량으로 전달되고, 다시 파련대공으로 받치고 있는 우미량으로 전달하도록 되어 있었다. 이 우미량의 율동적인 구성은 마룻보 위쪽에서 마루 도리를 받치고 있어 솟을합장의 곡선미, 2중량(二重樑)의 중량감 있는 곡면(曲面)

과 더불어 뛰어난 아름다움을 보여주고 있다. 특히 이러한 부재 사이의 작은 벽에는 수생화도(水生畵圖), 나한도(羅漢圖), 소불삼례도(小佛三禮圖), 극락조도(極樂鳥圖) 등의 불화(佛畵)가 가득 그려져 있었다. 그러나 고려 후기에 건립된 불교 건물의 뛰어난 면모를 보여주는 불화는 지금은 모두 없어진 채, 벽은 노란색을 칠한 빈 벽으로 되어 있었다.

건물 앞면의 3칸에는 모두 3짝의 빗살문이 달렸고, 뒷면에는 양쪽 칸에 창을 설치한 후 가운데 칸에는 널빤지로 만든 판장문(板長門)*을 두었다. 건물 안의 바닥에는 원래 잔돌이 깔려 있었지만, 그때는 우물마루가 덮여 있었으며, 뒤쪽 벽의 가운데 고주 사이는 막아서 불화를 그리고 그 앞에 불단(佛壇)을 놓고 있었다. 불단은 3개이고, 가운데에는 6각형 불단이 높게 자리하고 있었으며, 양쪽에는 약간 낮은 4각형 불단이 위치해 있었다.

건물 안의 천장은 서까래가 모두 드러난 연등 천장이다.

1937년에 건물을 뜯어서 수리할 때 묵서명(墨書銘)이 발견되었다. 이에 의하면, 이 건물은 1308년(충렬왕 34)에 건립되었음을 알게 했으므로, 건립 연도가 확실한 우리나라 최고(最古)의 목조 건물로 알려지게 되었다. 그 뒤 이 건물의 양식적 특징을 중심으로 고려 중기 내지 후기에 건립된 건물에 대한 편년이 시도되었다. 그 결과, 안동 봉정사 극락전(국보 제15호)과 영주 부석사 무량수전(국보 제18호)이 더 오래된 건물로 밝혀졌다. 그러나 이 건물은 제작 연도가 명확하고 형태미가 뛰어나서 한국 목조 건축사상

매우 중요한 건물로 평가되고 있다.

 나는 처음 듣고 보는 건축물 자료의 쓰임과 용도를 스님에게 질문하거나 팸플릿을 얻어 펼쳐 보기도 했다. 인터넷을 뒤지면서 이해하려 노력해 보았다. 양옥 생활을 하다 보니, 한옥에 대한 건축양식, 자재의 명칭을 너무 몰랐다.

 한옥이 수려하고 아름다운 것은 선조들의 섬세한 안목과 과학적 건축양식 때문이었다는 것을, 수덕사를 다녀와서 많이 배웠다.

수덕사 건축물의 명칭
*공포(拱包)-처마 끝에 무게를 받치기 위해 기둥머리에 짜 맞추어 댄 나무쪽
*주심포(柱心包)-기둥머리 바로 위에서 받친 공포
*가구(架構)-시렁, 횃대, 물건을 걸어두기 위한 구조물
*첨차(檐遮)-도리 방향으로 가로지르며 받치고 있는 긴 나무
*쇠서(牛舌)-소의 혓바닥을 닮은 전각 위 기둥 위에 덧붙이는 모양
*제공(諸工)-공포에서 주두로부터 살미 방향으로 차례로 쌓아 올리는 공법
*장여(長欐)-받침 부재로 도리에 비해 폭이 좁으며 서까래의 하중을 분담
*주심(柱心)-기둥머리 바로 위에서 받친 공포
*포벽(包壁)-포(包)와 포(包) 사이에 바른 벽
*결구(結構)-못을 쓰지 않고 귀틀식 우물 정자로 쌓아 만드는 방식
*박공(牔栱)-지붕면이 양쪽 방향으로 경사진 것을 말함. 팔(八) 자형임
*협간(夾間)-정간(正間)의 좌우(左右) 양쪽에 있는 방(房)
*당초문(唐草紋)-줄기, 덩굴, 잎이 얽히고설킨 식물문양에 대한 호칭 문화적
   성격을 띰
*충량(衝樑)-한쪽 끝은 기둥머리에 짜이고 다른 쪽 끝은 들보의 중간에 걸친 보
*파련대공(波蓮臺工)-덩굴나무가 서리어 나가는 그린 대공
*고주(高柱)-여러 개의 기둥 중에 특히 높은 기둥
*우미량(牛尾樑)-쇠꼬리 보. 한끝이 휘어 도리에 닿는 보. 소의 꼬리와 같다
   하여 붙여짐
*판장문(板長門)-널빤지로 된 문, 띠장에 두꺼운 날을 붙여서 만든 대문

남편의 인생 2막을 닫는 날

　남편의 인생 2막을 귀농으로 열었다. 정년퇴직 전부터 2막의 인생을 준비하였다. 육체적으로 험난하지만, 나무 심는 일로 시작하였다.

　만평의 야산을 개간하여 호두나무 600주와 페칸 200주를 심기 시작하였다. 아랫마을은 호두나무가 많이 열리는 곳이었다. 위에 산은 기온이 달라서인지 5년에 걸쳐 나무가 서서히 얼어 죽었다. 5년간 나무를 죽이지 않으려고 애를 썼다. 나무마다의 보온을 위해 흰 수용페인트 통을 들고 다니며 나무 밑둥지에 발라주었다. 온 가족을 동원하여 작업을 했다. 페인트 통을 들고 다니다가 산에서 미끄러지고 굴러가며 가족들을 고생시켰는데, 나무는 점차 죽기 시작하였다.

　남편은 호두나무를 심기 위해서 충청도까지 가게 되었다. 농대 교수가 묘목을 키워서 남편에게 팔았다. 남편은 '호두가 일본 것이기 때문에 한대지방의 추위를 못 이긴 것' 같다고 나름의 실패 원인을 분석, 판단하였다.

그 후 그 지방 사람들이 심는 밤나무를 만여 평에 심었다. 밤나무는 잘 자라서 청년 나무가 되어 수확량이 점점 늘어났다. 문제는 밤을 주울 사람이 없었다. 밤을 편리하게 줍기 위해 비탈 산자락에 망을 깔아 밤이 망 위로 굴러 내리게 했다. 길에 앉아서 밤을 주울 수 있어 편리하긴 했으나, 굴러 내리는 밤이 낙엽에 걸쳐 내려오다 멈추기도 했다. 그뿐만 아니라 비탈진 곳을 기어 올라가 밤을 쓸어내리는 작업도 해야 했다.

밤을 잘 줍는 사람이 하루에 4가마 이상을 주워야 인건비가 나오는데, 그런 사람은 구하기가 힘들었다. 심지어 코로나로 인해 외국인 노동자도 없었다. 남편과 나는 밤을 버릴 수도 없고 하루 종일 줍다 보면 허리와 다리가 너무 아팠고 심지어 팔도 많이 아팠다.

이젠 남편에게도 한계가 왔다. 힘들게 일해서 탈장과 방광에 문제가 생겨, 두 곳에 모두 수술 또는 시술을 하다 보니, 힘주어 일을 하면 안 된다는 의사의 진단이 있었다.

항상 자신이 젊은 줄 알고 일을 무서워하지 않더니 나이 80세 산수(傘壽)를 맞게 되자 힘이 빠진 것을 느낀 것 같았다. 가는 세월을 누가 막으리오. 세상의 모든 사물은 역사의 뒤안길을 만들고 떠나느니. 중국의 당나라 이백도 "아침에 실같이 푸른 머리카락 어느덧 흰 눈처럼 세었구나."라고 하지 않았던가.

밤나무 산을 다른 사람에게 도지 주는 계약서를 쓰고 돌아와 막걸리 한잔을 마시며 눈물을 글썽이는 남편의 모습을 보니, 마음이 착잡하였다.

"나이 80에 그 힘든 밤농사는 무리지. 당신과 나는 이제 놓을 준비를 서서히 해야지 우리는 청춘이 아니잖아요."

위로는 아니지만, 현실에 쐐기를 박아 버렸다. 우리에겐 또 다른 젊음이 오지 않는다, 생각하니 내 마음도 서글펐지만, 세월의 흐름에 주저하지 않고 도도하게 흘러갈 것이다.

2023. 10. 10.

끄트머리 손주와 같다

나에겐 여덟 명의 손주가 있다.

한 배에서 나온 아이들도 아롱이다롱이라 했던가? 그런데 내 애가 아니고 2세의 자식들이니 아롱이다롱이를 떠나 각양각색이다.

첫째 손주는 장가갈 나이로 손색이 없게 컸고, 여덟 번째 손주는 17개월로 듣지도 보지도 못한 엉뚱함으로 여러 사람을 웃기면서 깜짝 놀라게 한다.

며느리와 전화 통화를 할 때면 아이 우는 소리가 요란하다.

"아이를 왜 울리니?"

"어머니. UB이는 먹던 밥이 줄어들었다고 울어요."

"별일이 다 있네, 자기 밥 자기가 먹었으니 줄지. 밥 줄었다고 우는 아이는 처음 봤다."

우리집에 오면 하루 종일 먹을 것을 입에 달고 산다. 나는 걱정이 되어 '조금 먹여라. 배탈 난다.'고 한다.

일곱 번째 손주는 밥을 안 먹어 비틀어지게 말랐다. 성장이 늦을까 걱정이다. 밥그릇을 들고 쫓아다니면 밥을 먹이느라 한 시간이 족히 걸린다. 어미는 걱정이다. 나는 너무 답답하여 '먹지 않으면 굶겨라. 배고프면 먹겠지.'라며 내가 가르친 대로 해 봤더니 '하루 종일 굶고 기운이 없어 잠만 자더라'고 했다. 아이 키우는 것도 다 같지 않은 것이다.

셋째, 넷째 손주는 살이 쪄서 다이어트 시키느라 걱정이 태산이다.

나의 아들딸들은 아이 키우는 문제로 걱정이 이만저만이 아니다. 어느 자식은 언어 능력이 늦는다고, 병원 언어치료를 받아야 되지 않겠냐며 의논을 한다. 나는 '늦는 아이가 있으니 기다려 보자'며 처방을 내리기도 한다. '자식은 인내를 갖고 키워야 한다.'고 말하지만, 나의 자녀들은 조바심을 낸다.

여덟 번째 손주는 나와 같다. 나도 세월이 가면서 나이를 먹게 되니, 내가 먹을 밥이 점점 줄어가서 손주와 같이 울어야 될 것 같다. 먹고 싶지 않은 나이는 왜 이리 먹고, 세월은 점점 없어지는지….

손주의 밥그릇에 밥이 없어지는 거나, 내게는 세월의 나이가 점점 늘어나서 남은 밥그릇 수가 줄어드니, 손주와 나는 같은 밥이 없어지는 게 똑같은 맥락이다.

손주가 밥이 줄었다 우는 것에 웃을 게 아니라, 나도 같이 우는 것이 맞을 듯하다.

어떤 사람이든 '내일은 나에게 없으니, 세상을 오늘 다 살 것처럼 후회 없이 충실하게 행복하게 살라' 한다. 그렇게 말처럼 살 수 있는 사람이 몇이나 될까? 아무리 궁리해 봐도 방법은 없고, 세월을 안 먹고 살 수 없다. 나에게 주어진 삶을 하루하루 그냥 충실히 살아가는 방법밖엔 어떤 묘수도 없다.

밥이 줄었다

아롱이다롱이
끄트머리 손주

먹은 밥이 줄어
울고 있다

배탈 날까 두려운 며느리
안절부절

할머니 남은 세월
점점 줄고

손주의 줄어든 밥과
할머니 밥이 같이 줄었다

4

엄마라는 이름

아름다운 창경궁

안국동에 볼 일이 있어 안국역에 내려 출구를 찾아가는데 창경궁 출구가 눈에 띄었다.

어릴 때 8월 15일은 고궁이 무료입장이었다. 오빠들은 창경궁 동물 구경에 나를 데리고 나섰다. 어린 나이에 창경궁인지 몰랐고, 동물 구경하는 곳이 창경원으로 알았다. 많은 인파에 키가 작아 동물을 구경할 수 없었다. 때론 큰오빠의 무등을 타고 원숭이 구경하던 생각이 난다.

많은 인파에 떠밀려 오빠들과 손을 놓치게 되었다. 오빠들이 보이지 않아 겁이 나서 울기 시작했다. 오빠들을 찾으려 애썼지만, 보이지 않았다. 한참 울고 돌아다니다 작은오빠를 만났다. 작은오빠도 창백한 모습으로 나를 찾으려고 내 이름을 부르며 나를 찾고 있었다. 겁에 질렸던 나는 작은오빠 손을 잡고 큰오빠와 화장실 앞에서 만났다. 지금은 창경원 동물들이 경기도 청계산자락 과천으로 옮겨 갔다.

창경원에서 창경궁으로 복귀되었다.

창경궁은 서기 1405년(태종 5년) 창건하여 1647년(인조 25년) 재건하여 1920년 증건하였다.

창경궁은 아름답고 넓은 후원 때문에 다른 궁궐보다 왕들의 사랑을 받았다. 자연의 지형을 그대로 살리면서 골짜기마다 정원을 만들었고 부용지, 애련지, 관람지, 존덕지 같은 연못을 만들고 옥류천 주변에는 소요정, 창의정, 태극정 등 아담한 규모의 정자를 세워 자연을 더 아름답게 완성하였다.

연경당은 안채와 사랑채를 따로 둔 사대부 집처럼 지었으며, 궁궐의 전각이면서도 단청을 입히지 않은 소박한 모습으로 후원의 정취를 더했다.

후원은 왕과 왕실 가족의 휴식을 위한 공간이지만, 왕이 주관하는 여러 야외 행사가 열리는 장소이기도 하다. 조선 초기에는 왕이 참석하는 군사 훈련이 자주 실시되었다. 활쏘기 행사도 열렸으며, 대비 모시는 잔치나 종친 또는 신하를 위로하는 잔치도 베풀었다. 또한 후원에 곡식을 심어 농사의 어려움을 체험하였고, 왕비는 친히 누에를 쳐서 양잠을 장려하기도 했다.

후원은 창덕궁 전체의 60%를 차지할 정도로 넓고 가끔 호랑이가 나타나기도 했을 정도로 깊다. 절경들은 골짜기마다 숨어 한꺼번에 드러나지 않으므로, 직접 걸어서 골짜기의 연못과 정자들을 찾아다녀야만 후원의 진정한 아름다움을 느낄 수 있다.

인정전(仁政殿)은 창덕궁의 정전으로서 왕의 즉위식이나 외국 사신 접견 등 나라의 공식 행사를 치르던 곳이다. 1908년 인정전 내부를 고치면서, 커튼 전등 설치 등 서양식 실내 장식이 도입되었다. 청기와를 얹은 선정전(宣政殿)은 왕이 평상시 나랏일을 보던 편전이다. 옆에 있는 희정당(熙政堂)으로 편전 기능이 옮겨가면서 왕과 왕비의 신주를 모시는 혼전으로 사용되기도 했다.

희정당은 왕의 생활공간이었으나 편전인 선정전이 비좁고 종종 국장을 위한 혼전으로 사용되면서 편전의 기능을 대신하게 되었다.

대조전(大造殿)은 창덕궁의 침전으로 왕비의 생활공간이었으며 왕실 생활의 마지막 모습 모습이 비교적 잘 남아 있다. 대조전 뒷마당은 왕비의 단조로운 궐내 생활에 따른 심신을 달래기 위해 아름답게 꾸며 놓은 것 같다. 이 밖에 세자가 머물며 공부하던 성정각, 왕을 가까이에서 보좌하기 위해 궁궐 내에 세운 관청인 궐내 각사, 역대 왕들의 초상화인 어진을 모시고 제사를 지내던 선원전, 현종의 애틋한 사랑이 담긴 낙선재, 궁궐에 남아 있는 돌다리 가운데 가장 오래된 금천교 등이 있다.

창경궁은 조선시대의 궁궐 중 가장 아름답다. 이런 아름다운 곳에 일본은 조선궁의 모습을 없애기 위해 동물원을 만들어, 동물들이 짓밟게 하고 오물 냄새로 궁을 원으로 하락시켰으니, 새삼 나라의 우리 문화 소중함을 느끼게 한다.

아름다운 참모습을 찾게 되니, 유네스코에서 세계문화유산

(1997년 12월)으로 지정하고 나섰다.

  어릴 때 오빠 따라 공짜 구경 나섰다, 오빠 잃어버려 울고 다녔던 이 길을, 임금이 떠난 궁궐 뜰에서 대비의 걸음으로 천천히 우아하게 걷고 있다.

코로나 시대의 무시루떡

봄이 오기 전 나라가 떠들썩하다. '코로나'가 중국 우한에서 발병하여 세계 각국으로 퍼지니, 외출도 금하고 있다.

서초문화센터도 2주간 무기한 휴강이란 연락을 받았다. 여러 사람이 모이는 곳은 가지 말라고, 외출도 금하고, 집 안에 있으니 우리에 갇힌 동물 신세다.

독서하며 무료한 시간을 보내다 생각하니, 어릴 때 한겨울에 어머니께서 만들어 준 무시루떡이 먹고 싶어졌다.

냉동실을 뒤져 보니 쌀가루가 나왔다. 무 몇 개 채를 썰어서 쌀가루와 버무리고 보니 팥고물이 없었다. 다시 냉장고를 뒤져보니 팥 봉지가 나왔다. 팥을 삶아 절구에 넣고 빻아서 팥고물을 만들었다.

시루 솥에 팥고물을 깔고, 무채와 쌀을 버무려 놓은 것을 올려놓고 쪘다.

　어릴 때 어머니께서 만들어 주셨던 무시루떡의 말랑말랑한 맛있는 떡이 아니었다. 엄마표 무시루떡이 아니다.

　엄마의 손맛이 아니라서일까. 아니면 나의 입맛이 변해서일까. 추억은 추억일 뿐인가, 배고팠던 시절의 환경이 아니라서일까.

　설탕과 고구마말랭이, 은행을 넣고 떡을 다시 쪄 봤지만, 맛이 없기는 마찬가지다. 아까운 재료만 다 버렸나 보다. 그 시간에 책을 봤으면 좋으련만, 아까운 재료와 시간만 허비한 것 같아 마음이 즐겁지 않았다.

　무시루떡을 실패한 이유가 무엇일까. 분석해 보기로 했다.

　'팥 삶을 때 소금 간을 넣지 않았다.' '무가 너무 많이 들어가서 떡이 질겅거렸다.' '은행을 넣어서 은행 특유한 맛과 향이 있었다.' '호박고지가 없어서, 대신 고구마말랭이를 넣었다.' 분석한 내용을 보니 맛없는 게 정상이다. 그렇지만 영양식이다.

　나는 음식을 만들 때 레시피를 혼자 창조해서 만드는 버릇이 있다. 아이들에게 만든 음식을 주면, "엄마 이게 뭐예요? 이것저것 섞어서 하시니 이 맛도, 저 맛도 아니잖아요." 한다.

　"이게 몸에 얼마나 좋은 건데, 나는 정성 들여서 했구먼."

　나는 아이들을 윽박지르며 '몸에 좋은 것만 넣었다'며, 강제로 싸서 보내 준다.

　나의 무시루떡은 맛은 별로 없지만, 소화도 잘되고 영양가는 최고였다.

병균이 아무리 침입한다 해도 면역성이 강한 사람은 코로나에 걸리지 않는다. 건강하게 살려면, 평상시 날음식은 절대 피한다. 무슨 음식이든 끓여 먹는다. 채소는 김치 외에는 먹지 않는다. 나의 건강 지키기 신조이다. 잘 먹고 체력을 키우면 얼마든지 병균을 막을 수 있다.

엄마라는 이름

남편이 귀농한 지 십여 년이 넘었다.

금년에는 너무 더워 김장거리 농사가 잘되지 않았다. 유기농 김장거리라고 자녀들 앞에 해마다 큰소리쳤는데 좀 조용하다. 해마다 남편이 유기농, 무농약으로 길러준 김장거리로 시골에서 김치를 해 오곤 했다. 날짜는 11월 셋째 토, 일로 자녀들과 약속해 놓았다. 김장 날은 자녀 4명과 짝 손주까지 10여 명이 오는 김장 잔칫날이다. 새소리도 짐승 소리도 들리지 않는 조용한 산 중턱의 집이 웃음소리만 깔깔대고 있다. 산 중턱에 있는 외딴 시골집 주변에 있는 새들도 산짐승들도 떨고 있는 날이다. 까치도 감을 다 따지 않고 먼 나무에 앉아 구경하며 처분만 기다린다. 손주들에게 감을 모두 따지 않도록 미리 얘기해 놓았다.

나는 시골에 가기 전, 시골 정육점에 전화하여 소 한 마리의 다리를 주문했고, 잡뼈도 주문해 놓았다. 김장하기 5일 전 시골에 먼저 내려가 곰국을 3일 3회 끓인다. 곰국도 중요하지만, 남편이 과일나무 가지치기한 나뭇가지가 흩어져 그 밑을 다닐 수 없다. 늘어놓은 것을 주워다 땔감으로 써야 치울 수 있다. 이번 가을에는 비가 자주 와서 나뭇가지가 축축하여 곰국을 끓이는 데 힘이 들었었다. 하루 내내 불을 지펴 끓인 곰국을 들통에 퍼 담아 저장 창고에 넣으면 그 이튿날 기름이 얼음처럼 위에 굳어 있어 손으로 집어내면 된다. 이런 식으로 3회를 하면 뽀얗고 진한 곰국이 된다.

4회째는 남은 뼈다귀에 양파, 무, 파 뿌리, 다시마, 명태 머리를 넣고 물을 붓고 육수를 끓인다. 그 육수를 떠서 죽도 만들고 김칫국물로 사용한다. 4회째 4일을 불을 때면서(지저분한 나무들) 김장 준비를 한다.

김칫거리가 부실하여 공주 시장에 갔다. 천안 공주 간 23번 국도에는 아름드리 은행나무(일제 시대 심은 나무)가 샛노란 잎을 과시하며 소슬바람에 살랑이고 있다. 일부는 춤을 추며 휘날리고 있었다. 듬성듬성 암은행나무는 잎은 다 떨구고 은행알만 주렁주렁 매달고 바람에 떨고 있었다. 그 모습이 내 모습과 흡사하였다. 파란 하늘의 흰구름 둥실둥실 내 마음을 따뜻하게 덮어 주며 위로하고 있었다.

김장 부속(갓, 양파, 쪽파, 대파)을 샀고, 김장거리가 부족한 듯하여 배추 3망, 무 3단을 더 사서 차에 싣고 오는 길, 김장도 하기 전에 벌써 몸이 지치고 몸이 아파오기 시작했다. 은행나무 길도 내 마음과 똑같을 것이다.

　자녀들이 오기 전에 시장 보아온 김장 부속품을 다듬고, 씻어 놓아야 한다. 또 배추를 따서 다듬어 절여 놓아야 한다. 마침 셋째 사위가 부산에 출장 갔다 올라오면서 시골집에 먼저 왔다. 밤 12시라도 손을 보태려는 마음이 고맙다.

　아침 일찍 남편과 사위가 배추 150폭을 따서 리어카에 싣고 와서 마당에 던져 놓았다. 배추 포기는 빈약했지만, 마당 한쪽에 수북이 쌓였다. 배추를 다듬고 한쪽 마당에선 가마솥에 물을 데우면서 소금물을 녹이며, 큰 통에 넣고 배추를 설이기 시작하였다.

　오후 5시쯤 되니 자녀들이 모이기 시작했다. 그때부터는 일이 무섭지 않았다. 아이들이 덤벼들어 무채와 양념거리를 썰어 소쿠리마다 산처럼 담아 놓으니 한결 마음이 편해졌다.

　일요일 아침부터 10여 명이 일을 분담하여 씻고, 동치미 담고 힘이 제일 센 장정 둘이 커다란 양동이에 내가 넣어주는 양념을 버무리는 모습이 대견해 보였다.

　간을 보기 위해 먹어 보느라 입에 붉은 고추 국물을 묻히고, 빨간 장갑을 휘두르고 있는 모습이 귀신도 이길 것 같은 모습에 모두 한바탕 웃어댄다.

　"자기네 김치는 각자 버무려 담아 가라"는 나의 명령에 따라 열심히 김치를 버무리고 있었다. 한 자녀당 김치통을 4개에서 6개를 들고 와 사돈집 것까지 담아 차에 싣느라 정신없이 서두르며 김치를 담갔다.

곰국과 배추 우거지는 똑같이 분배하고 기타 '호박, 고구마들은 알아서 가져가라'고 했다.

매해 아이들이 담아 가고 남은 김치는 큰 독에 담아 저장 창고에 넣다 김치가 떨어지면 퍼갔는데 금년은 배추가 속이 덜 차서 남은 김치가 없었다. 김칫소(양념)만 2통이나 남아서 서울로 가져와 내 김치는 절인 배추 20kg을 사서, 김치 2통을 담갔다.

김치 담는 것이 끝나고 몸이 아파 병원에 가니 '오른쪽 가슴에서 어깨 쪽 인대가 좀 늘어났다.'는 의사의 말에 '너무 힘들게 김치와 곰국을 만들었구나!' 생각했다. 몸을 혹사하면서 고생은 했지만, 열세 집의 김치를 해서 나눔을 하니 내 마음은 행복하고 따뜻했다.

엄마 되고 보니

공주 천안 간 23번 국도 가로수
아름드리 은행나무 샛노란 잎 펼쳐 자랑할 때

잎을 다 털어 낸 헐벗은 엄마 나무
은행알 주렁주렁 매달고 바람에 떨고 있다

내 엄마 여덟 자식 키우느라 몸속 양분 다 내주고
듬성듬성 빠진 치아 틀니로 헛씹는다

엄마 되고 보니, 나보다 자식 먼저
나목 된 채 바람 부는 대로 나부낀다

큰오빠의 병환

큰오빠가 아프다.

지구가 돌아감에 따라 나의 삶도, 나의 나이테가 점점 늘어가는 것이 두렵다.

부모님은 나무를 심을 때 우듬지 여덟 가지를 키웠다. 어느 날 네 개의 우듬지가 어린 순부터 꺾이며 부러져 나갔다. 구부려 지려는 우듬지 가지 하나하나를 붙잡고 바로 세워 보려고 애를 썼지만, 네 개의 가지는, 다 꺾어지고 말았다. 허망하고, 외롭고, 쓸쓸함은 경험하지 않으면 아무도 이해할 수 없다.

남은 네 명의 우듬지들은, 전남 두륜산 대흥사 느티나무의 연리근처럼 단단한 우애로 똘똘 뭉쳐 지냈다.

큰오빠는 나와 나이 차이가 열 살이다. 아버지와 어머니같이 다정다감한 오빠다. 아버지는 학교에서 늦게 돌아오셨고, 어머니께서는 대가족의 경제에 보탬을 주려고 먹거리와 학비의 보조를 위해 농사일을 하셨다. 오빠는 첫 번째 아들이고 나는 딸로서 첫 번째이다. 어머니께서 들일을 나가시면 나는 청소와 동생을 돌봐야 했고, 큰오빠는 엄마의 들일을 도와야 했다.

큰오빠는 힘이 들었을 텐데 내 곁에서 나를 도와주었다. 학교에서 분유를 타오는 날이면 나에게 많은 양을 주고, 자신은 조금밖에 먹지 않는 등 나에게 많은 것을 내어 주었다. 캄캄한 밤에 화장실에 갈 때도 무서워 울면, 큰오빠는 자다가 일어나 화장실 앞을 지키며, 많은 도움을 주었다. 부모님이 돌아가시고 안 계셔서 그 자리를 큰오빠가 대신했다.

하지만, 큰오빠의 병환은 병명도 모른 채 이 병원 저 병원에서 검사를 받느라 지쳐 있고, 몸무게도 15kg이나 줄어들면서 초등학생 몸무게로 빠져 버려 걸음 걷기도 힘들어했다. 또 의사들의 파업으로 큰오빠의 몸은 수척할 대로 수척해 있었다. 몇 명 남지 않은 우듬지들은 큰오빠마저 잃을까 전전긍긍하고 있다.

나이가 들어가니 형제들과의 이별 연습이 큰 고통이다. 돈도, 명예도, 권력도 아무 소용이 없다. 나는 큰오빠가 부모님 곁에 갈 때까지, 아픔을 길게 느끼지 않게 해 달라고 기도했다.

큰오빠는 부모님들이 모두 타계하셔서 울적할 때면 여러 가지로 위로해 주었고, 특히 부모님 산소를 아름답게 관리하여 봄에는 꽃동산을 이루었다. 그로 인해 형제들은 산소에 모여 부모님 얘기를 하며 소풍 온 듯 돗자리 깔고 앉아, 한참을 웃고, 떠들면서 살아가는 이야기 하며 외롭지 않게 지냈다.

이번 부모님 추도식은 큰오빠가 아파서 건너뛰기로 했다.

나는 부모님의 산소로 갔다.

부모님 산소에 앉아 산소에 대고 "오빠를 빨리 데려가지 말아 달라"고 애원했다.

깔끔했던 잔디는 큰오빠의 돌봄이 없어 길고 짧고, 어수선하게 쑥대밭이 된 채, 잡풀이 잔디를 집어삼키고 있었다. 칡넝쿨도 이리저리 뻗어서 꽃나무들의 목을 휘감고 돌았다. 어머니가 젊은 시절 밭을 매며 고생했던 잡초도 무성하게 자라고 있었다.

다행스럽게 개망초꽃이 흐드러지게 피어 부모님의 넋과 내 마음을 위로해 주는 듯했다.

지구상의 모든 생물은 이름도, 생김새도, 크기도, 꽃 모양도, 제각각 다르듯이 사람의 삶 또한 서로 다르고, 삶의 길이도 다르다.

보석 같은 청산도

내 생일 선물로 '섬 구경을 시켜 준다'는 딸들의 제안에, 가고 싶은 섬을 '청산도'를 꼽았다.

「서편제」 영화의 한 장면이 그리울 때가 있었다.

청산도는 시원한 바람, 아름다운 자연과 그림 같은 풍경으로 가득한 섬이다. 섬사람들의 정취가 묻어 있는 곳. 힐링에 완벽한 여행지다. 맑고 투명한 바닷물은 봄 햇살에 반짝이며 싱그러운 풀 내음이 코끝을 스치는 바람에 마음이 따뜻해진다. 마치 한 폭의 그림처럼 아름다운 풍경을 이룬다. 푸른 바다를 배경으로 펼쳐지는 푸른 풀의 일렁거림은 시원한 풍경이 가슴에 와닿는다. 삶의 고단함을 내려놓고 자연에 흠뻑 젖게 한다.

「서편제」의 촬영지의 신작로 길을 천천히 걸으니 북의 장단이 어우러져 내가 서편제의 여주인공인 양 착각이 들게 한다. 분계리 마을 아름다운 숲길을 따라 돌담길을 도니 자연과 한 몸이 되는 옛정을 느낄 수 있다.

　영화 「봄날은 간다」의 촬영지로도 청산도의 고즈넉한 풍경을 담아내었고, 영화 「해무」도 청산도의 다양한 매력을 함께 담아내고 있었다.

　남해의 떠 있는 보석 같은 섬은 일찍이 하늘, 바다, 산 모두 푸르다 해서 청산(靑山)이라는 이름을 갖게 되었다. 자연경관이 유별나게 아름다워 예부터 청산여수(靑山麗水)라 불리었고, 무공해 청정지역으로 보존되고 있다. 여러 사람이 청산도의 아름다운 섬에 매료되어 있다.

　청산도는 느릿느릿 걷는 섬(슬로시티 Slowcity)으로 최초로 지정되었다. 생산성과 속도만을 강조하는 빠른 도시에서 벗어나 자연과 환경 인간이 조화를 이루며 여유 있게 산다. 행복한 삶을 사는 느림의 미학을 추구하는 느림의 대명사, 작은 달팽이를 닮으면서 천천히 살아간다.

　느릿느릿 걷도록 길을 낸 42,195km의 '슬로길'이다. 전체 11구간으로 미항길, 사랑길, 고인돌길, 낭길, 범바위길, 용길, 구들장길, 다랭이길, 들국화길, 해맞이길, 단풍길, 노을길, 미로길 등 청산도를 한 바퀴 도는 길들이 아기자기하다.

　범바위 골에 오르니 산 중턱 귀퉁이에서 범이 새끼 범을 안고 포효하는 모습의 바위가 실물인 양 표정 또한 무서움을 느끼게 했다. 산 맞은편 전망대에 올라 해안가를 바라보니 바닷가 전체가 전복 어장으로 줄줄이 다닥다닥 붙어있다. 관광 가이드 말에 의하면 어장 한 줄에 400만 원이란다. 몇백 개의 어장이 줄줄이 있어 돈 계산을 해 보았다. 일 년이면 몇십 억이 나온다는 가이드의 설명이다. 한 번 전복 씨를 붙이면 '3년 후에 수확'한다고 했다.

독특한 장례 문화가의 상징 '초분'을 보았는데 죽은 사자를 땅에 묻지 않고 '풀을 덮어 놓는다' 했다. 효자인지 아닌지 가늠해 보는 거로는 풀이 항상 마르지 않게 사자 위에 덧씌우고 씌우는 모습을 보고 안단다. 산 자도, 죽은 자도, 모두 느리게 흐르는 자연의 시간에 맡겨보는 섬이다.

청산도는 봄에는 에메랄드빛의 바닷물과 청보리와 유채꽃이 어울려 아름다운 조화를 이루어 환상적인 분위기를 자아내고, 가을에는 황금물결과 코스모스, 갈대, 파란 바닷물이 어우러져 환상적이다. 한없이 여성적이고 부드러운 섬, 느림을 통에 삶의 쉼표를 찍으면서 여행하기 좋은 곳이다.

상서리 마을의 돌담집 골목은 나에게 인고의 생활도 엿보게 했다. 그 작은 돌을 모아 집도 담도 만들었다는 것은 느릿느릿 몇십 년은 걸린 듯하였다. 떠나는 배표를 예약한 관계로 대표적인 길만 몇 개 느리게 대신 빠르게 걸었다.

청산도 여행이 끝나고 돌아와 생각해 보니, 다시 갈 때는 혼자 '느릿느릿 걷다, 앉아서 놀다' 하며 느리게 걸으며 쉬었다 와야겠다.

나의 뿌리를 찾아서

YK김씨 회보가 날아왔다. 연초가 되면 종인 소식과 함께 찬조금 고지서가 매년 온다.

둘째 오빠가 종친회 임원 봉사직을 맡고 있어서, 김 씨라 벌금 내듯 아무 생각 없이 내고 있었다.

돈을 내다보니 문중별 7개의 파가 있었다. 이상했다. 내가 어느 파인지도 모르고, YK김씨면 김 씨지, 파가 뭐람. 생각해 보니 나의 뿌리를 몰랐다는 게 부끄러운 생각이 들었다. 나의 아들딸과 손주에게 '할머니의 뿌리를 알려 줘야 되겠다.'라는 생각이 들었다.

삼국사기에 신라 제4대(서기 65년) 왕이 밤에 성 서쪽 시림 숲 사이에서 닭이 우는 소리가 들렸다. 날이 밝자 이를 살펴보니 금빛으로 된 조그마한 궤짝이 나무에 걸려있었다. 열어 보니 조그마한 사내아이가 눕혀 있었다. 아이가 금계에서 나왔다 하여 성을 김 씨라고 하였고 계림(鷄林)이라 이름하고, 국호(國號)로 삼았다.

신(新)은 덕업(德業)이 날로 새롭다는 것이고, 라(羅)라고 하는 것은 '4방을 망라(網羅)한다'는 뜻이다.

YK김씨 시조는 신라 46대 경순왕의 넷째 아들 김심언(金審言)의 3손인 은열(殷說)의 3세손이다.

고려 성종조의 명신이요 대유학자로서 그 이름이 역사에 빛나는 시조 문안공 할아버지의 영광을 물려받은 자손이다. 시조 이후 YK김씨는 대대로 관·현직을 역임한 명문거족이었음을 고려사는 전하고 있다.

고려 의종 18대(1146~1170년) 무신의 난(문신 제거)으로, 문신 귀족은 대거 숙청되었다. 타도의 난이 실패하여 정중부(鄭仲夫) 일당이 의종(毅宗)을 축출하고 국권이 농단(壟斷)하자 이에 격분한 보당(甫當)께서 동북면병마사로 도임하는 기회를 이용하여, '의종(毅宗)의 복위를 꾀하는' 거병(擧兵)을 했다가 실패함으로써 멸문지화를 당한 사건은 우리 후손에게 천추의 한을 남긴 비극이 되었다. '김보당(金甫當)이 난을 일으켜' 정의와 불의를 일으키고 목숨을 바친 충절의 반란, 동란 따위와 동일시 하였으니 YK김씨가 숙청당한 것은 당연하다.

YK김씨 일족들은 각지로 유리 분산되어 종친과 관계없이 숨어 살게 되었다. 한 지역에서 근촌끼리 모여 각기 다른 중시조(仲始祖)를 내세워 지역별로 파보를 간행함으로 여러 계파로(7파) 나누어졌다. 이리하여 같은 할아버지 자손이면서도 타성과 다름

없이 지내오다가 마침내 YK김씨가 재기(再起)한 것은 1173년 '삼별초(三別抄)의 난(亂)' 직후 100여 년의 세월이 지난 후였다.

삼별초(三別抄)란? 고려 23대 고종 6년에 최충헌의 무신 정권 때의 특수군대를 말한다. 이를 계승한 최우가 치안 유지 등을 위해 설치한 것이다. 그러나 몽골에 의해 무신 정권이 무너졌다. 이를 계기로 고려 정부가 개경으로 환도하였다.

1980년 각 7파가 회동하여 문안공(文安公)을 공동의 시조로 하는 대동언보(大同言普)를 간행하고 전국종친회를 발족시키면서 비로소 동조동근(同祖同根)이라는 혈연정을 실감하였다.

나는 YK김씨의 7파 문중별 장흥파, 경파, 영광파, 갈산파, 고창파, 장성파, 내사 헌파 중 갈산파이다. 내 기억으로도 충청도 홍성의 갈산에서 할아버지도, 아버지가 태어나셨다 했다.

이 기회에 나의 뿌리를 공부하기 위해 YK김씨 족보를 보며 공부하여 7개의 파로 나누어짐을 이해했고, 그때나 이때나 당파 싸움은 여전했으며, 나의 뿌리도 알게 되었다. 며칠간 한자가 많은 족보를 보며, 옥편을 펴놓고 공부한 보람도 있고, 시간을 내어 문안공의 동상과 기천사의 사당 등을 두루 살펴보려 한다. 또 문중 일을 보시는 분들께 감사드리며 적으나마 불평 없이 찬조금을 내려 한다. 조상 없는 자식은 없으니까.

2023. 2. 15.

양재천을 산책하며

　날씨가 추운 탓에 집 안에 칩거하며 시간을 보내니 답답하여 양재천 산책길에 나섰다.
　바람에 양재천 가의 갈대도 고개 숙이며 흔들리고 있었다. 둑의 억새도 갈대를 향해 바람 따라 꾸벅꾸벅 인사한다. 작은 이름 모를 풀도 추위에 얼지 않고 푸르름을 자랑하듯 뾰족뾰족 얼굴을 내밀고 있다. 비취 보석을 깔아 놓은 듯하다. 남천 나무의 빨간 열매가 꽃보다 아름답게 주렁주렁 매달려 있다. 눈이 쌓였을 때는 루비 보석처럼 햇빛에 빛나며 아름다웠다. 프랑스 루브르 박물관의 보석 못지않게 아름다웠다
　청둥오리 몇 쌍이 자맥질을 하면서 먹이를 찾고 있었다. 이 추위에.
　먹을 것을 찾아 힘들게 사는 것이 사람과도 같았다. 수컷은 암컷보다 크고 귓불이 초록색 털이고, 흰색과 밤색이 아름답게

섞여 있었다. 암컷은 밤색과 연한 갈색의 털을 갖고 있고, 수컷보다 작았다. 한 쌍이 사이좋게 헤엄을 치며 미끄러지듯 가는 모습이 다정해 보였다. 청둥오리가 옛날에는 철새였는데, 지금은 토종 오리로 변했다 한다.

가끔 물고기가 첨벙대며 물길을 거슬러 올라가기도 하고, 잠수도 하는 등 물속을 뒤집어 놓기도 했다.

겨울 하늘인데도 뭉게구름이 뭉실뭉실 그림 그려 따뜻하고 포근한 마음이 든다. 바람 또한 남실바람이 나뭇잎을 살랑살랑 흔들고 있다.

자전거 타며 운동하는 사람, 뛰는 사람, 어슬렁어슬렁 걸으면 온통 한눈만 팔고 가는 나와 같은 사람 등이 있다.

이곳 양재천을 경계로 과천시가 접해 있다. 과천시 쪽은 몇 해 전까지는 비닐하우스 속에 꽃모종을 종류별로 키웠었다. 그 하우스에 가면 꽃모종을 싸게 살 수 있었다. 지금은 꽃 하우스가 사라지고 펜스에 막을 쳐서 아파트를 짓는다고 한다.

나는 높은 곳에 올라가 펜스 안의 공사 진행 상황을 보고 싶어졌다. 우리 집 아파트는 10층인데도 멀리 떨어져 있어 보이지 않는다. 집값이 천정부지로 오르는 것은 집이 모라서 그렇다고 말한다.

대만에 가 보니 우리나라보다 더 비싼 집이 많았다. 중심부는 땅 1평에 3억 정도 한단다. 재건축도 100% 찬성하지 않으면 재건축을 못한다. 아파트도 15층 이상이 없었고 낮은 주택도 많았다. 젊은 사람들에게 집을 30년 이상 은행 저리로 빌려줘서 집을 사게 시킨단다. 사회주의가 아닌 자유주의인 대만은 여행자들이 보기에도 평온하고 자유스럽게 보였다.

아이들이 모두 떠난 아파트가 너무 커 보이고 훤한 느낌이 든다. 쓸쓸하고, 청소하기도 힘이 들고…. 펜스 막을 벗기고 아파트 분양을 하면 작은 아파트를 분양받아 보아야겠다. 혼자 생각하며 걷다 보니, 하루 목표 5천 보는 걸은 것 같다.

걷기 운동을 마무리 짓고 기구가 있는 공원에 가서 허리 운동을 하고 집으로 늘어왔다. 운동 끝내고 집으로 돌아오는 걸음은 발걸음도 가볍고 기분이 좋다. 운동을 해서일까, 숙제를 해서일까.

'누우면 빨리 죽고 걸어야 오래 산다'는 이야기를 곱씹으며 귀찮아도 하루 오천 보는 걸으려고 한다.

손주 키우기

나에겐 손주가 여덟 명이 있다. 큰손주는 군 제대 후 영국에 교환학생으로 갔다 와서 복학하였고, 일곱 번째 손주와 여덟 번째 손주가 문제 손주이다.

일곱 번째 손주는 밥을 안 먹어 밥을 먹이기 위해서 별의별 짓들을 다 하고 있다. 달래기도 하고, 굶겨보기도 하고, 별의별 수단과 여러 종류의 음식을 제공해도 입을 꾹 다물거나 입에 넣고 삼키지 않는다.

아이는 살이 빠지고 말랐으니 셋째 딸 부부는 아이 밥을 먹이는 데 너무 애쓰고 있다. 할머니인 나는 쳐다보기도 딱할 때가 많다.

여덟 번째 손주는 너무 먹어서 걱정이다. 아침 새벽에 눈을 뜨면 잠자는 엄마를 깨워서 '밖에 나가 먹을 것을 가져오라' 한다. 말을 못 하니 자기 입에 손가락질 시늉으로 의사 표시를 한다.

밥그릇에 밥이 줄어드는 것을 보고 운다고 한다. 자신이 먹어 없어진 것을 모르고 밥이 줄어들었다고 '운다' 하여 여러 가족들이 한참 웃었다.

우리집에 와서도 응가를 하면서 끊임없이 계속 먹는다. 나는 깜짝 놀라 "그만 먹여라." 하지만, "너무 울어서 안 먹일 수 없다."는 며느리의 하소연이다.

할아버지는 "살도 찌지 않았으니, 달라는 대로 먹여야 한다." 말한다.

한 손주는 안 먹어서 걱정, 한 손주는 너무 먹어서 걱정, 자식 키우기 힘들어했지만, 나는 이런 경험이 없어 뭐라 조언할 수 없으니 너희들 마음대로 키우렴. '너희가 엄마니까.'

할머니의 마음은 안 먹어도 예쁘고, 많이 먹어도 예쁘니. 옛사람들도 할머니가 키우는 아이는 버릇이 없다고들 하는가 보다.

이런 경우도 부모가 키우니 망정이지 할머니가 키웠으면, 애초부터 버릇을 잘못 들였다 하지 않았겠나 하는 마음에, 나는 "아기는 절대 못 키우니 나에게 아기 보란 말은 아무도 하지 마!" 하고, 처음부터 자르길 참말 잘한 것 같다.

가끔 잘 나가던 직장 그만두어 경력이 단절되어 미안했지만, 그래도 '자식 농사가 일생을 통해 가장 중요하다.' 하지 않던가.

자식은 부모가 키워야 한다. 이 말이 진리라는 것을….

2023. 10. 23.

이스라엘의 사해(死海)와 요르단강

　사회 교과서에서 본 '사해의 물에 누워서 책을 보는 장면'의 삽화가 수십 년이 지났어도 잊히지 않았다. 수영을 못하는 나는 도저히 이해되지 않았다. 사회 교과에서만 보던 사해에 가게 되었다.
　이스엘의 사해는 이스라엘과 요르단에 인접해 있으며 히브리어로 소금 바다라고 불리는 곳이다.
　늘 사해에 대한 두려움과 호기심이 생겼다. 요르단강과 사해는 죽음의 바다요, 항상 신이 벌하는 두려운 곳이라 믿고 살아왔다. 책 속의 삽화에는 사해에서 수영 대신 누워서 책을 보는 장면의 그림을 보고 이해가 안 되었고, 믿어지지 않았다. 죽음의 바다라는 인식을 하고 있었다.
　어머니가 간장을 담글 때 소금의 농도를 재는 방법을 알려주셨다.

"소금을 물에 풀어 녹이면서 생달걀을 소금물에 띄워보아라. 생달걀이 가라앉으면 소금의 농도가 부족한 것이다. 생달걀을 소금물에 띄웠을 때 오백 원짜리 동전만큼 보이며 물에 둥둥 뜨면 소금의 농도가 맞는 것"이라 말씀하셨다. 사해의 물도 염분의 농도가 높기 때문에, 사람이 둥둥 뜨는 원리라는 것을 알았다.

우리는 성지 순례를 마치고 사해 물가에서 흙을 얼굴과 몸에 바른 후 눈에 물이 들어가지 않도록 '주의하라'는 가이드 말을 들으며 사해 물에 둥둥 떠 보며 몇 시간을 즐겁게 보냈다. 몸을 물에 맡기니 둥둥 떴다.

사해는 바다가 아니고, 호수다. 그 호수 물이 빠져나가는 곳이 없어 뜨거운 태양에 증발이 되어 짠물이 되었다. 여기에다 중동 지역의 덥고 건조한 기후로 많은 양의 수분이 증발하고 유황과 질산, 염분이 많이 남아 사해를 짜게 만들었다.

사해는 일반적인 바다에 비해 10배 이상의 높은 염도를 띠고 있다. 젓갈의 염도는 22%~30%인데 사해는 33%다. 바닷물 1L 속에 35g의 염분이 들어 있다. 사해의 물은 염분이 33% 이상이다. 이렇게 높은 염분 농도로 인해 대부분의 생물이 생존하기 어려운 환경이 되었다.

어릴 때 친구가 아파서 친구들과 함께 문병을 간 적이 있다. 빨리 나으라고 노래를 불러 줬는데 '며칠 후 며칠 후 요단강 건너가 만나리~'란 노래였다. 그런데, 집에 돌아와 부모님께 꾸중을 들었다. '그 노래는 사람이 죽으면 부르는 노래란다.' 그 친구가 죽고 나서 계속 지금까지도 마음에 걸렸다.

'요르단강을 건넌다는 말은 일반적으로 어려운 상황을 극복하거나 새로운 도전을 시작한다.'는 의미로 사용한다. 성경에서 요르단강을 건너서 새로운 땅으로 이동하는 것이 신약 성경에서 죽음의 부활을 의미하기도 한다. 따라서 두 가지 해석 모두 가능하지만, 일반적인 맥락에서는 어려운 상황을 극복한다는 의미로 사용한다.

옛말에 불허일가견(不許一家見) '독자적인 견지나 체계를 이룬 견해는 불허'한다. 일방적인 생각과 지식은 객관적 지식이 아니었다.

사해의 진흙은 피부 미용과 건강에 좋은 성분이 많아 포함되어 있어, 진흙 마사지를 즐기는 관광객들이 많이 몰리고, 사해 소금의 미네랄 성분이 '피부질환을 완화하는 효과가 있다'고 알려져 있어, 건강과 휴식을 위해 가는 사람들이 많다.

지난 20년 전의 사해와 비교했을 때 표면적으로 30% 줄었고, 1년에 80cm씩 깊이 또한 낮아지고 있었다. 이대로라면 2050년에는 사해가 완전히 말라 소금밭이 될 거라 한다. 이를 막기 위해 이스라엘과 요르단이 홍해에서 사해까지 이어지는 대운하를 건설할 예정이라 한다.

사해의 물은 요르단 강물이 흐르다 한쪽 사해로 흘러 들어온다.

요르단강은 팔레스타인 지방의 시리아에서 헤르몬산 동남쪽 레바논에서 발원하여 남쪽으로 흐르며 갈릴리 호수를 지나 사해로 흘러 들어가는 강의 이름이다. 해수면보다 낮은 강으로 길이는 약 251km이다.

흙 때문인지 얼굴이 반질반질해진 것 같았다. 샤워장 옆에는 머드팩 상점이 죽 늘어서 있다.

죽은 땅 생명이 살지 않은 무서운 땅이 여러 광물로 인해 보물 창고가 된 것 같았다. 그곳의 소금도 일반 소금보다 미네랄이 많다고 사려는 사람으로 인산인해를 이루고 있었다.

우리집의 기증왕

아들이 대학교 3학년 때 골수 기증(조혈모세포)을 하였다.

나는 아들에게 '다른 봉사와 기증은 좋지만, 몸만큼은 안 된다' 말렸다. 아들은, 딸 셋을 낳은 후 늦게 얻은 늦둥이다. 종갓집 장손이며 집안에서 귀하게 대접받으며 자란 아이다. 나는 아들이라 해서 특별하게 대접하는 편은 아니지만, 세 딸에게는 부러움의 대상이기도 했다.

내가 맞벌이하는 관계로 비상금을 얹어 주어도 저 자신은 잘 쓰지 않았다. 어느 날 퇴근해서 돌아오면, 누나들한테 핀잔을 듣고 있었다. 아들은 마음이 착하여 내가 주는 용돈을 어려운 친구들에게 나눠 주곤 했다. 누나들은 "엄마 아들은 왜 저렇게 바보 같은 줄 모르겠어요." 그 소리가 듣기 싫어 "그럼, 같이 나눠 먹어야지." 하며 아들 편을 들었다.

이기적인 삶을 살 것을 가르쳐 주지 않아서일까, 지금도 저보다 남을 배려하는 마음이 크다. 그래서인지 직장에서도 어려운 일은 아들이 주로 하는 눈치다. 아들은 엄마가 하셨던 일 중 노인대학에서 봉사하시는 모습이 가장 자랑스러웠다는 얘기를 자주한다.

결국 '조혈모세포' 기증을 나도 모르는 사이 하고 말았다.
조혈모세포 이식이란 조혈모세포의 분화, 증식 이상을 보이는 백혈병 환자에게 건강한 조혈모세포를 이식하는 치료법이다. 조혈모세포는 피를 만드는 어머니 세포라는 뜻으로, 혈액세포를 만들어 내는 능력을 가진 원조 세포다. 적혈구·백혈구·각종 면역세포 등을 만들며 골수, 혈액, 탯줄에 존재한다.
또 어느 날에는 적십자사에서 아들의 헌혈 횟수(15회)와 감사하다는 증표가 배달되었다. 나는 이날 아들에게 화를 내었다.
"너는 우리 집의 하나밖에 없는 아들이야, 집안에 불시 안 좋은 일이 생기면, 네가 다 책임지고 헌혈하며 살려야 하는데 언제까지 남을 위해 네 몸을 줄 건데?"

기증 후부터 아들은 집에 돌아오면 피곤해서 쓰러지곤 했다. 고등학생 때도 답답하면 축구공과 축구화를 신고 운동장을 활보하는 아이였다. 또 스포츠 강사 면허증을 따는 등 활발하게 움직이는 청년이었다. 그런 아이가 피곤해하니 나는 조혈모세포 기증으로 오는 합병증 같아 마음이 아팠다.

남의 어려운 일을 자주 돕는 일에 에너지를 너무 쓰다 보니 체력 감당을 못한다. 조혈모세포 기증을 하면 어지럼증과 체력 저하가 온다고 한다. 그래서 그런지 감기도 잘 걸리고, 추위를 이기지 못하고 옷을 몇 겹씩 껴입고 산다. 11월 초에 내복을 입기 시작하면 다음 해 6월까지 내복을 입으니 조혈모세포 기증의 결과라는 생각이 든다. 40세도 안 된 팔팔한 나이에 이러고 있으니 엄마인 나는 속이 탄다.

어느 날 벌벌 떨며 나에게 왔다. "엄마, 몸살인가 봐요." 하며, 돌침대 불을 찜질로 해 놓고 겨울 솜이불을 덮고 끙끙 앓고 있다. 이러다 '큰일 나겠다' 싶어, 24시 병원으로 보내 영양제를 투여하며 쉬게 했다. 하루를 앓다가 저녁에 아이들이 기다린다며 옷을 주워 입고 가는 모습이 안쓰럽고 속상했다.

아들 배웅을 하고 들어와 '다른 사람의 아픔을 위해 조혈모세포 기증한 아들을 건강하게 해달라'고. 또 '선한 자가 악한 자보다 더 건강히 살게 해달라'고 마음속으로 기도했다.

다시 봄이 왔다

 봄! 하면, 희망, 꿈, 설렘과 생동감, 기대감, 두려움이 함께 오는데, 나무는 무엇을 위해 이렇게 큰 어려움을 겪고 견디고 살았을까?
 어린 자식을 품고, 새순과 꽃을 피우기 위한 희망으로 꿈을 키웠을까. 밖의 세상에 대한 설렘과 기대감, 두려움이 함께 했을 터인데 씩씩하게 새싹을 밖으로 표출시킨 그 용감함이 우리에게 많은 교훈을 준다.
 긴 햇살이 드리우면 사람도 온몸으로 봄을 맞는다. 봄이 찾아오면 가슴이 뛰는 심정으로 삶에 희망과 설렘으로 가득하다. 대지도 꿈틀대며 새로운 꿈을 안을 준비를 하고 있다.
 농부는 봄바람의 아지랑이를 안고 대지의 숨소리를 들으며 가을에 거둬들였던 씨앗을 심는다. 세상의 만물이 소생하는 봄은 모든 사람이 꿈과 희망을 안고 새봄의 설렘으로 받아들이고 있다. 움츠렸던 겨울을 쫓아버리고, 꿈을 키우며 희망의 노래를 부르기 시작한다. 온갖 꽃들이 무엇에 쫓기기라도 하듯 앞다투어 피고 지느라 산야는 온통 물감의 향연을 벌이고 있다. 뉘엿거리는 저녁해가 갑자기 쫓아 오더니, 별안간 시간을 거슬러 올라가 산야의 꽃들을 얼음 나라로 만들어 버렸다. 냉해를 입은 과수의 꽃들은 화려하던 꽃을 떨구어 버렸다. 씨방이 얼어서 열매도 없이 사라졌다. 자연의 노함이다. 우리가 살면서 자연을 파괴하는 행위를 가한 것이 바로 결과로 나타났다. 거센 바람, 눈과 비를 오롯이 맞으며, 강추위를 견뎌낸 나무! 북풍한설에 표피까지 뚫고 들어오는 찬바람을 나무속 깊이 인고의 시간을 나이테로 새겨 가며 참고 견딘 나무가 무참히 고개를 떨군다.

　우주의 흐름에 따라 자연이 4계의 계절을 만들어낸다. 나의 욕심으로 봄을 성급히 받아들였다. 자연은 이를 용납하지 않았다. 자연의 흐름에는 순서가 있다. 한겨울의 동지(빛이 조금씩 길어지기 시작)가 지나야 하고, 소한, 대한, 입춘, 설날, 우수, 정월 대보름, 경칩, 춘분, 청명, 한식, 순으로 이어지는데 내가 춘분이 지나자마자 꽃씨를 뿌린 게 실패의 원인이다.

　내가 가장 아껴두었던 금화초 씨앗은 실패했다. 그 후 무씨만한 '금호초' 씨를 개당 100원씩 주고 사다 심었지만, 발아가 되지 않았다. 그래서 금호초는 씨앗이 없고, 아파트 뜰에서 봉선화, 백일홍 씨만 받아 놓았다. 금년에는 청명, 한식이 지나서 꽃씨를 파종하려 한다. 작년에 거둬둔 씨를 심고 있다.

나에게는 손녀딸 2명이 있어 해마다 봉선화 꽃물을 들여 주었는데, 작년에는 해 주지 못하여 딸들도 손녀딸들도 서운해하였다.

노지에 씨앗을 심는 것은, 청명, 한식이 지나서 파종해야 냉해를 입지 않는다. 지금은 비닐하우스가 있어서 한겨울에서 채소 등의 여러 채소를 길러내지만, 우리는 비닐하우스가 없어서 자연의 규칙에 의존해야만 한다. 남쪽에 꽃이 피었다고 야단법석을 떨지만 중부 지방인 농장까지 오는 데는 20일 이후나 가능하다. 매스컴을 보고 움직였다가는 실패를 보니, 내가 사는 자연을 먼저 파악해야 실패가 없다는 교훈을 얻었다.

일 년 중 봄은 모든 생명이 잉태하는 희망이 있는 계절이다.

여러 해의 봄은 왔건만 이 봄만큼은 나에게 지금이 처음이라는 생각이 든다. 희망과 설렘으로 새로운 봄을 맞이하게 되지만, 성급하게 봄을 맞지 말아야 한다. 이 봄 이 꽃만이 내 생애의 처음 꽃이요, 향기이다. 매화꽃 세 가지를 꺾어 거실 물병에 꽂아 두니 그 향기가 천국의 어느 향인 양 향기롭다.

호주산 고기를 먹는 망년회

이해 마지막 날 우리 부부는 '지난날의 괴로움을 잊자'는 뜻으로 식탁에 앉아 망년회를 열었다.

해마다 결혼한 아이들이 모두 모여 망년회를 열었지만, 작은 손주의 대학 입시로 큰딸의 마음이 어수선하고, 마음 졸이는 그 상황을 고려하여 다른 자녀에게도 오지 말라고 했다. 나는 먹지 못하는 와인잔을 들고, 가는 해를 무사히 보낸 감사함과 지난해의 힘든 일, 상처받은 마음들도 지우고 반성도 하면서 마음을 달랬다.

자녀들이 모이지 않아 호젓함과 쓸쓸함이 함께 밀려왔다.

"엄마, 이젠 호주산 고기 그만 먹고 싶어."

"한우나 호주산이 뭐가 다른데? 알지도 못하면서."

유독(唯獨) 셋째 딸의 투정이 생각났다.

나는 아침에 눈을 뜨자마자 카드 한 장을 집어 들고 양재 코스코 매장이 문도 열기 전에 그곳에 도착한다. 늦게 가게 되면 주차할 수도 없고, 그곳에 가서도 매장까지 들어가려면 몇 시간 기다리는 것이 힘들기 때문이다. 나는 이런 과정을 통해 집안의 모임이 있을 때는 갈비찜이니, 산적이니, 모두 호주산 고기로 음식을 만든다.

내가 호주산 고기를 고집하는 데는 그 이유가 있다. 1978년에 호주산 소고기가 처음 도입되었다. 호주 소는 초지에서 풀을 먹이며 방목했고, 우리 한우도 짚과 풀을 먹여가며 키웠다. 그곳의 고기 맛과 우리의 소고기는 그 맛이 별로 다르지 않았다. 그때는 FTA 협정이 이뤄지지 않은 때라 축산 농가와 농림부에서 반대했다. 그로 인해 수입이 끊어졌다가, 88올림픽을 계기로 다시 암암리에 호텔과 외국 선수들의 식자재로 수입이 재개됐다.

1989년 호주 축산공사 한국 기술 대표부가 설립되어 국내 활동은 본격적으로 시작됐다.

한우는 몸집이 작았고, 육류로 사용되는 전문 품종의 소가 없었다. 그래서 1978년 전후로 호주의 육류로 사용되는 몸집이 큰 소의 정자를 큰돈을 지불하고 수입했다. 우리 풍토에 맞는 소를 실험 육성하기 위해 큰 소를 수입하여 적용 사육을 했다. 그 일을 작고한 나의 셋째 오빠가 직접 호주에 가서 소를 사서 배에 싣고 오는 중에, 힘겨웠던 과정을 말하던 기억이 난다.

"그때 내가 사 온 호주 소가, 거의 한우로 바꿔 놓았을 걸. 지금 소들이 모두 커졌잖아."

오빠는 수의사로, 국가의 소의 품종 연구 육성에 한 획을 긋던 사람이다.

그래서 나는 아침 일찍 일어나 양재 코스코 매장으로 간다. 낮에는 연말이라 서울뿐 아니라, 가까운 지방에서도 사람들이 몰려오니 서두르지 않으면 사고자 하는 물건이 떨어질 때가 많다. 호주의 고기는 전 세계에서 가장 세분화된 소고기 등급제를 시행하고 있어 조리하는 방식에 따라, 개인의 취향에 따라, 고기의 맛이 달라서 좋다. 일하기 힘들어하는 나는 구정에 고기 사러 가지 않으려고 국거리 양지 부위와 간편하게 먹을 수 있는 스테이크용과 토시살 몇 덩어리를 잔뜩 사서 차에 싣고 집에 온다.

"호주 고기는 신토불이(身土不二)는 아니지만, 가격 대비 맛이 크게 다르지 않다."

나는 딸들에게 호주산 고기를 먹게 된 이유를 설명해 주었다. 이번 망년회에도 호주산 고기로 스테이크 해 먹으며, 오빠를 생각하기도 하고, 조용하면서도 쓸쓸하게 한 해를 마무리했다.

24절기는 언제나 지나간다

근하신년! 복 많이 받으세요.

새로운 해가 바뀔라치면 카톡이 숨도 쉬지 않고 소리를 지르며 복을 빌어준다.

은행에 갔다. 얼굴 익은 은행원이 새 달력을 내밀며 인사한다. 벌써 한 해가 저물고 있다는 것에 깜짝 놀랐다. 오늘이 12월 5일이니 이해가 지난 지 340일이 되었다. 새해 인사 받은 지 340일이 흘러간 셈이다. 그간 24절기 중, 대설(大雪), 동지(冬至), 소한(小寒), 대한(大寒)만 빼고 20절기가 지나갔다. 남은 절기 대설은 겨울에 큰 눈이 온다는 것이고, 동지는 밤이 연중 긴 시기이며, 소한은 겨울 중 가장 추운 때다. 또 대한은 큰 추위가 온다는 얘기니 남은 4절기만 참고 지나면 봄이 오는 날이 머지않았다는 얘기다.

나는 겨울이 길게 느껴지는데, 24절기를 놓고 지나간 절기를 빼 보니 겨울은 4절기밖에 남지 않았다.

세월이 이렇게 빨리 가느냐, 한탄하지 않아도 삶을 바쁘게 살다 보니 20절기가 지나갔다. 눈 깜짝할 사이로 나의 시간은 나도 모르게 흐르게 되었다. 내가 모르는데 시간이 간 것은, 지나간 게 아니다. 범죄자가 자신도 모르게 죄를 지었다면 무죄인 것이거나, 참작해 주지 않을까.

사람들은 '나이의 속도로 세월이 흘러간다'고 한다. 강물이 흘러가듯이 시간의 속도도 흘러가고 있다.

하지만, 내가 나이를 쳐다보지 않는데, 자기 혼자 갈 수 있을까? 얼마나 열심히 달렸는지, 뒤의 모습이 아스라하게 보인다. 물론 시계도 멈추지 않고 달린다. 어느 날, 손주가 "할머니는 몇 살이에요?" 하고 묻는다. "정확하지는 않지만 너의 엄마보다 조금 많을걸."

시간은 내가 책을 보는 시간만큼 간다. 그래서 내 책 속에는 나의 시간과 나이가 책갈피 속에 흔적과 점이 되어서 쌓여있을 것이다.

머지않아 봄의 시작인 입춘(立春)이 올 것이고, 봄비 내리고 싹이 트는 우수(雨水)가 돌아온다. 거기에 조금만 기다리면 개구리가 겨울잠에서 깨어나는 경칩(驚蟄)이 돌아오고, 낮이 길어지기 시작하는 춘분(春分)이 온다. 그 뒤로 청명(淸明)이 돌아오면 농부들은 봄 농사 준비를 한다. 여기에 곡우(穀雨)로 농사비가 오면, 여름(立夏) 시작을 알린다. 본격적인 농사 시작을 알리는 소만(小

滿)이 다가오면 씨앗을 뿌리기 시작하는 망종(芒種)이다.

씨앗을 잘 키우기 위해 해가 긴 하지(夏至)가 시작되고, 씨앗을 따뜻하게 잘 키우기 위한 더위가 시작되는 소서(小暑)가 온다. 가장 더위가 심한 대서(大暑)가 지나고, 찬 바람이 불기 시작하는 입추(立秋)가 오면 가을 곡식이 익어가기 시작하고, 하늘이 밝아 쾌청하고 더위가 식고 일교차가 큰 처서(處暑)이다. 점점 밤이 길어지는 추분(秋分), 찬 이슬이 내리기 시작하는 한로(寒露), 서리가 내리기 시작하는 상강(霜降)이 오면, 겨울을 시작하는 입동(立冬)이 온다. 우리나라 절기가 오묘하게 태양의 황도상 위치에 따라 춘분점을 기점으로 15도 간격으로 점을 찍어 총 24개의 절기로 나타난다.

절기의 변함은 시간이 흐르고 있다는 것이다. 세월도 흐르고 있다.

올해는 가을이 오는 입추가 절기상으로 왔지만, 여름날이 계속돼 많은 사람이 더위에 고생했다. 사람들이 무분별하게 자연을 훼손한 결과라고 걱정을 많이 했다.

아무리 과학이 발달했다 해도 자연의 순리는 인간이 돌릴 수 없다. 자연을 해치는 일 없이 보존하여 시간의 흐름에 따라 자연적으로 가도록 하는 것이 인간의 본분이다.

폭풍 뒤에 찬란한 빛이

　우르르 쾅 번쩍! 우르르 쾅 번쩍!
　천둥 번개가 천지를 흔들어 댄다. 이불을 뒤집어쓰고 잠을 청해 본다.
　밤새도록 내린 비가 양재천의 도로와 자전거 길을 덮쳐버렸다. 물소리가 '콸콸콸' 소리를 내며 흙탕물을 만들고 '너울너울' 힘차게 흐르고 있다. 관악산에서 흐르는 물이 양재천을 거쳐 잠실 쪽 강물로 흘러간다. 오리가 새끼를 달고 양재천에서 헤엄쳐 놀았는데 어디로 갔을까. 잉어 떼들은 '너울너울 콸콸콸' 흐르는 물에 떠내려가지 않고, 풀숲에서 잘 견디고 있는지 걱정이 된다.
　북쪽 도로를 내다보니 승용차 3대가 물에 잠겨있고, 운전자는 차를 그대로 두고 떠났는지 물이 빠져도 그대로 방치되어 있다.
　비가 많이 와서 도로가 끊기는 등 걱정이 많다.
　우리나라뿐만 아니라, 지구촌 곳곳에 많은 피해를 주고 있다.

중앙아시아의 '파키스탄은 국토의 1/3이 물에 잠겨 이재민과 목숨을 잃은 사람이 많다'고 안타까운 뉴스는 전한다. '기후 변화로 기근에 처한 사람이 많다'고 야단이다.

봄에는 비가 오지 않아 너무 가물어 나무를 심어놓고 물을 주러 다니느라 힘겨웠는데…. 올가을에는 비가 너무 많이 온다. 원래 가을비는 농민들에게도 좋지 않다고 했다.

자연이 하는 일이니 어쩌란 말인가. 인력으로 하는 일이면, 초가을에 쏟아붓듯 오는 비를 봄, 여름에 나눠서 오면 얼마나 좋을까. 인간의 행복은 자연에 있고, 내 삶의 행복도 자연에 있다.

'인간이 자연을 온난화로 만들어 빙하가 녹아서, 낮은 국토의 국가는 점점 물에 가라앉는 현상이 일어나고 있다' 하니…. 벌을 내리시는 건가. 자연의 힘이란 무서운 존재다.

어릴 때도 비가 많이 오는 경우가 많았다. 비가 많이 온 후면 물이 맑고 물의 양이 많아진다. 어릴 때 서오릉 명릉(숙종대왕릉) 앞 계곡에 맑은 물이 흐르면, 엄마와 나는 방마다 다니며 이불 홑청을 떼어 냇가로 빨래하러 나갔다. 빨래한 홑청에 비누를 발라 삶으면, 백옥같이 변했다. 마당 빨랫줄에 널고 장대를 받쳐 놓는다. 빨간 고추잠자리가 빨래를 지키고, 빨래는 보송보송하게 마르면서 바람에 휘날렸다. 바람이 불고 청명한 어느 날, 살랑이는 바람결에 하얀 홑청은 이리저리 펄럭이며 나부꼈다. 새삼 옛 추억이 떠올라 펄럭이는 홑청 뒤로 엄마 얼굴이 겹쳐 보이는 듯하여 눈물이 난다. 유년의 추억을 더듬는 사이 눈물겹도록 아련한 나만의 시간이 눈앞에 걸려있다.

　온 국민이 비로 인해 수해에 힘든 사람을 돕도록 해야 한다. 더불어 사는 사회, 조금이나마 서로 협력하여 어려운 고비를 넘기도록 해야 한다. 여러 사람이 같이할 때 어려움도 반으로 줄어든다.

　아무리 무서운 폭풍과 거센 비와 바람이 모질게 불어도 일시적이다. 어두운 밤이라도 휘영청 밝은 달은 훤히 비추고, 해는 찬란한 아침을 열어준다.

나의 길

길이란 원래 없다
풀숲을 헤치며
오솔길을 만든다

길은 목적지에 가기 위해 걷는다
누구나 길 위에 서 있지만
똑같이 같은 길은 없다

인생도 길을 걷는 삶이다
내 길은 내가 정해 걷는다
나만의 길만이 있을 뿐이다

길 위에 서서 내 길을
살피면서 헤매고 있는지 살피며
묵묵히 내 길을 뚜벅뚜벅 걷는다

| 김영분의 수필세계 |

수필은 삶의 바른 방향을
찾기 위한 외로운 탐색

오경자
(문학평론가 · 국제PEN한국본부 이사장 권한대행)

누구나 자신에게 주어진 한평생을 최선을 다해서 살아간다. 그야말로 죽을 둥 살 둥 신명을 바쳐 혼신의 힘을 다 쏟아붓는다. 그 결과에 일희일비하면서 웃고 즐기기도 하고 좌절에 빠져 울기도 하면서 한 편씩의 연극은 각각 특색있게 수놓아 가는지 모른다. 그 과정 속에서 누구는 시련을 못 견뎌 울기도 하고 누구는 그 고난을 슬기롭게 대처하면서 나름의 길을 찾는 지혜를 내보이기도 한다. 얼핏 보면 유난히 굴곡진 삶을 산 사람이 있고 그렇지 않게 평탄한 삶을 살아낸 사람이 있는 것 같다. 하지만 실상은 그 차이가 큰 것이 아니라 거의 비슷한 상황인데 어떻게 삶을 살아내느냐의 방식 차이가 크게 결과를 갈라놓는 것 같기도 하다.

수필가 김영분은 자신에게 주어진 삶을 항상 자신의 안목으로 검토하고 재해석하면서 최선의 방법을 택하되 좌고우면하지 않는다. 그의 선택 기준은 항상 내가 할 수 있는 만큼이다. 남편의 귀농을 극구 반대하지도 않고 찬성하지도 않는다. 그것은 그의 일이다. 다만 나는 내가 할 수 있는 만큼만 선택한다. 그것이 김영분의 삶의 방식이고 그래서 그 과정을 솔직하고 담담하게 수필로 빚어낸다.

일상생활 속에서 글감을 찾는 수필의 특성으로 볼 때 김영분의 수필 역시 가족과 벗들의 살아가는 일들이 한 폭의 그림이 되어 펼쳐진다. 그 속에서 작가는 바른길과 자신의 가치관에 맞게 대응하는 지혜를 서슴지 않고 전편에 실어 나른다 하겠다. 그 어느 곳에나 작가의 철학이 근저에 깔려 있다. 그 버팀목 위에서 솔직한 표현과 담담한 필치가 그의 수필세계를 탄탄하게 이루어 내고 있는 것이다. 그 철학은 우주 질서라는 거대한 자연에 대한 순응과 조화, 분수라는 덕목들이 잘 섞여서 이루어 낸 그의 수필세계가 되어준다. 고라니에게 농작물을 다 빼앗기고도 화내기보다 어차피 원래 그들의 땅이었는데 내가 침입자라는 관조로 껄껄거릴 수 있는 작가를 보면서 수필의 힘인지 포용의 힘이 수필을 아름답게 하는 것인지 얼른 분간이 가지 않아 한참을 고개 숙이게 한다.

그에게도 가족은 언제나 사랑이다. 그 이상도 이하도 아니다. 그저 거기 있어서 고맙고 내가 그들의 어미요, 할미여서 기쁜 것이다. 어떤 다른 것도 거기서는 모두 사족이다. 모두가 거기 있어서 행복하다. 시골 농장의 힘든 일거리도, 서울 도시의 일상들도 모두 의미 있고 고맙다. 손주들의 애환과 성취도 모두 다 기쁨이다. 여행지의 여러 일도 다 행복의 산실이다. 그것은 상황이 그런 것이 아니고 작가 김영분이라는 수필가의 정신세계가 모든 것을 의미 있고 사랑스러운 것으로 만드는 마력을 지니고 있음에서 기인한다. 수필집 한 권을 다 읽고 나서야 '아아, 그렇구나' 하면서 이마를 툭 치게 한다. 이것이 김영분 수필집 한 권의 매력이다.

선명한 주제의 형상화

김영분은 자신의 두 번째 수필집의 첫 작품을 「걷고 싶은 길」로 시작한다. 길에 대한 여러 각도의 의미를 이야기하고 자신이 걷고 싶은 길을 말한다. 그의 길에는 실제 땅 위에 우리가 걷는 길이 있고 사는 동안 가야 하는 여러 길이 있다. 수필의 진수인 관조에 의한 주제가 잘 형상화된 수작이다.

> 평생 길 위를 걷는다. 지금 이 시각에도 내가 바른길을 가고 있는지 길 위에 서서 헤매고 있는지, 점검하며 잘못된 길로 가고 있으면, 다른 한 길로 묵묵히 걸어가야 한다. 내가 수필을 쓰며 걷는 길은 나의 마지막 이정표를 향해 걷는 삶의 길이다. 나의 목적지를 위하여 my way로 가는 것이다. 이 길을 사랑하면서 묵묵히 뚜벅뚜벅 걸어가리라.
>
> ―「걷고 싶은 길」 중에서

재미 삼아 신년 운수를 보면서 그저 재미로 그칠 뿐 거기 매

몰되지 않는 일상을 그리면서 그 속에서 김영분이라는 수필가가 삶에 대해 갖고 있는 성실한 태도를 가감 없이 보여 주고 있다. 얼핏 보면 요행에 민감한가 싶지만, 정반대를 그려내고 있다. 이 역시 삶의 주인이 바로 나 자신임을 선명하게 잘 그려낸 주제 전달의 성공적 예라 할 수 있다.

새해를 맞으며 달력 하나를 받으면서 일어나는 마음의 기복으로 그려낸 작품이 「내년을 모두 가지세요」이다. 이 작품은 한 해를 보내고 맞는 분기점에서 한 해를 돌아보며 나름의 손익계산을 해 보는 구성으로 재미있게 독자의 마음을 울린다. 원하는 등단도 했고 성취의 기쁨을 맛보는 쾌감을 가감 없이 솔직하게 표현하며 이룬다는 것의 흡족함이라는 주제를 잘 형상화한 작품이라 할 수 있다.

인간애를 주제로 잘 그려낸 작품들도 주제 형상화에 성공이라 할 수 있다. 사회에 대한 구성원의 책임 의식을 풍미한 작품으로 인간애를 잘 그려내고 있는 작품들이 많은 것이 김영분 수필의 또 하나의 특징이라 할 수 있다. 친구를 요양원에 보내는 날의 심경을 그리며 자신의 모습을 보는 것 같다는 솔직한 표현은 심금을 울린다.

가족 사랑을 담담하게 그려내

김영분의 수필에 있어 가족 사랑은 유난히 담담한 표현을 하고 있음이 특징이라 할 수 있다. 남편이 벌통을 들고 길을 떠나

없는 사이 혼자 집을 파는 이야기를 아무렇지도 않은 일인 양 그려내는 필치는 담담함을 넘어 능청스러울 정도로 차분하다. 남편과 상의하지 못했다는 데 대한 미안함이나 마음의 부담 같은 것은 전혀 없고 별로 잘한 일도 아닌 것 같은데 그다음이 부동산에 별로 재미를 본 것 같지도 않다. 재주가 없는 것 같기도 한데 그에 대한 표현들이 지나치게 천착하지도 않고 떠벌리는 내용도 없고 그야말로 큰일을 혼자 스스럼없이 해낸 사실만 있는 대로 표현한다. 그 속에서 일상을 처리하고 삶을 헤쳐나가는 태도를 솔직하게 내보이고 있는 작품이라 할 수 있다.

수필에 있어서 생략과 응축이 얼마나 중요한가를 단적으로 보여 주는 작품이다. 수필에서 솔직성이 얼마나 감동을 주는지 실제로 느낄 수 있는 작품이기도 하다. 그 속에서 돈에 관한 일이 마음대로 되는 것이 아니라는 진리를 아주 심상하게 전달하는 것으로 주제를 지극히 선명하게 나타냈고 남편이 따온 꿀을 맛있게 먹었다는 표현은 낙천적 성격 묘사의 극치라 할 만하다.

계절을 이야기하되 그냥 자연의 감상, 정취 등에만 그치는 게 아니라 딱 맞는 예화를 가져와 주제를 심오하게 끌어내는 구성은 기가 막히다. 가을 감나무와 펄벅 여사의 까치밥 촌평은 마음을 따뜻하게 하는 정도를 넘어 먹먹하게 할 정도이다.

1960년 가을에 한국을 방문한 노벨문학상을 받은 소설 『대지』의 작가 펄벅(Pearl S. Buck 1892~1973) 여사는 당시 경주를 여행하는 차 안에서 바깥을 내다보다가 시골집 마당의 감나무 끝에 매달려 있는 여러 개의 감을 보고, "감을 따기가 힘들어서 그냥 두는 거냐?"고 물었다.

　동행한 이 기자가 "까치밥이다. 겨울에 새들이 굶주리지 않도록 남겨둔 것"이라고 설명하자, 펄 벅 여사는 "아, 바로 그거예요. 내가 한국에서 보고자 한 것은 고적이나 왕릉뿐만이 아니에요. 이런 모습만으로도 나는 한국에 잘 왔다고 생각해요."라며 탄성을 질렀다.

　이 계기로 한국인들의 착하고 아름다운 마음을 알고, 유난히 사랑했다. 그녀는 자신의 작품『살아있는 갈대』에서 이렇게 예찬했다.

　"한국은 고상한 국민이 살고 있는 보석 같은 나라다."

　그녀의 유서에도 "가장 사랑하는 나라는 미국이며, 다음으로 사랑하는 나라는 한국이다."라고 쓰기도 했다.

　이렇듯 우리 한국인의 정신세계는 남과 더불어 사는 D.N.A.의 피가 흐르는 것이라 생각한다.　　　　　　-「감」중에서

　김영분은 어머니와 아버지를 추억하며 진한 그리움을 담담하게 그려낸다. 교육에 일생을 바치신 아버지에 대한 존경과 아련한 그리움이 면면히 스며있다. 어머니는 병약해서 가슴을 졸이게 했고 그 기도와 자식 사랑, 여인으로서의 애환 등을 아주 조용하고 담담하게 그려낸 것이「성소 따라가는 길」과「엄마의 장과 장독대」이다.

　간장 된장에 대한 아련한 그리움을 낭만적으로 그리면서 어머니를 자연스럽게 추억하며 서경적인 묘사 속에 어머니에 대한 그리움이 수채화처럼 번지는 작품이다.

어릴 때 학교에서 돌아오면 엄마는 일하러 나갔고, 나는 밥솥에 놓인 내 밥그릇을 꺼내 우물우물을 퍼서 밥을 말아 장독대에 걸터앉았다. 고추장 항아리 뚜껑을 열고 다른 장독에 들어있는 멸치를 한 움큼 꺼내 고추장에 찍어 먹던 꿀맛 같은 그 밥이 추억과 함께 그리워진다. — 「엄마의 장과 장독대」 중에서

「아, 보고 싶은 아버지」는 그야말로 하고 싶은 말은 제목으로 그대로 다 드러낸 작품이다. 아버지의 일생을 축약함으로써 아버지에 대한 존경과 사랑을 다 표현했다 할 수 있는 구성이다. 들뜨지 않고 수선스럽지 않게 진솔하면서도 따뜻하게 아버지를 그리워하며 보내는 딸의 연서 같은 글이라 할 수 있겠다.

아버지는 교육에 뜻을 두시고 교육 사업에 평생을 바치었다.
1984년 퇴임을 하여 학교를 떠나실 때 국민 훈장 동백장을 받으셨고, 지금도 학교 운동장 한편에 아버지의 공덕비가 서 있다. 그것을 바라보고 섰노라면 '우리 샹딸 왔니?' 아버지의 모습과 음성이 들려오는 듯하다. — 「아, 보고 싶은 아버지」 중에서

자연을 사랑하고 이웃을 사랑하고 가족을 사랑하는 김영분의 수필은 손녀 이야기, 이웃 이야기, 자식들에 대한 어미의 소회 등 주옥같은 내용을 담고 있다.

부부애

김영분의 부부애는 재로 눌러놓은 화롯불같이 뭉근한 게 특징

이다. 아파트 재활용장에서 쓰다 내놓은 헌 책상 하나를 주워다 남편 서재에 들여 주고 흐뭇해하는 남편을 보며 새 책상을 진즉에 사다 주지 못한 미안함에 마음 쓰는 모습이 바로 그런 사랑의 표증이다. 남편의 인생 2막이라 할 농장 생활을 닫은 날을 정감 어리게 다룬 「남편의 인생 2막을 닫은 날」은 인상적이다.

밤나무 산을 다른 사람에게 도지 주는 계약서를 쓰고 돌아와 막걸리 한잔을 마시며 눈물을 글썽이는 남편의 모습을 보니, 마음이 착잡하였다.
"나이 80에 그 힘든 밤농사는 무리지. 당신과 나는 이제 놓을 준비를 서서히 해야지 우리는 청춘이 아니잖아요."
위로는 아니지만, 현실에 쐐기를 박아 버렸다. 우리에겐 또 다른 젊음이 오지 않는다, 생각하니 내 마음도 서글펐지만, 세월의 흐름에 주저하지 않고 도도하게 흘러갈 것이다.
　　　　　　　　　　　　　　- 「남편 인생 2막을 닫은 날」 중에서

김영분의 부부애는 「주워 온 꽃나무」에서 절정을 이룬다. 남편이 주워온 하와이 무궁화 꽃나무 화분 하나를 두고 토로하는 김영분 수필은 부부애의 도도한 표현이다.

나는 남편이 주워 온 꽃이지만, 정성 들여 키워서 약효를 실험해 보아야겠다. 클레오파트라처럼 아름다운 미모는 아닐지언정 건강한 차는 마셔보고 싶다. 　　　　　　- 「주워 온 꽃나무」 중에서

고양이를 꽃밭에 묻어주며 자신도 화목장을 하고 싶다는 생각

을 하는 장면은 동물 사랑의 깊이를 읽을 수 있는 대목이다. 열무김치를 담아 가족과 이웃이 나누는 이야기는 서경적인 표현이 일품이며 사람에 대한 넓은 사랑을 그림처럼 볼 수 있어 입이 벌어지는 행복을 선사하기도 한다. 손주들을 키우며 대견하고 미안해하는 마음은 측은지심의 표현이다. 자라나는 손주와 늙어가는 자신의 모습에서 공통점을 발견하는 표현은 유머 수필의 모본이라 할 만하다.

가족들이 함께 모여 김장을 담그는 모습 등은 흔한 풍경이기도 하지만 서경적 표현을 돋보이게 할 뿐 과장도 없고 꾸밈도 없이 김영분의 소박하고 담담한 그리고 당당한 삶의 모습을 담아낸 수필 세계라 할 수 있다. 지극히 평범한 이야기들의 담박한 표현과 진솔한 토로, 평범한 구성에서 수필의 진수를 깊이 음미할 수 있는 김영분의 수필 세계를 소개하며 일독을 권하는 바이다.

국제PEN한국본부
창립70주년기념 산문선집 22

밥이 줄었다

발행일 2025년 3월 15일

지은이 김영분

발행인 강병욱
발행처 도서출판 교음사

03147 서울 종로구 삼일대로 457 수운회관 1308호
Tel (02) 737-7081, 739-7879(Fax)
e-mail : gyoeum@daum.net
등록 / 제2007-000052호

* 잘못된 책은 바꿔 드립니다. 값 15,000원

ISBN 978-89-7814-146-8 03810

- 이 책 내용의 전부 또는 일부를 재사용하려면 저작권자와 교음사의 동의를 받아야 합니다.
  지은이와의 협의 하에 인지는 생략합니다.